FABRICE COLIN

La Saga Mendelson

TOME 3 • LES FIDÈLES

Conception graphique et mise en page : Frédérique Deviller

© Éditions du Seuil, 2010.
ISBN : 978-2-02-101101-2
N° 101101-2
Dépôt légal : mai 2010

Le problème avec la vie,
c'est que l'on ne sait vraiment pas
du tout ce qui se passe.

Philip Roth, Tromperie.

LA FAMILLE MENDELSON

DE 1869 à nos jours

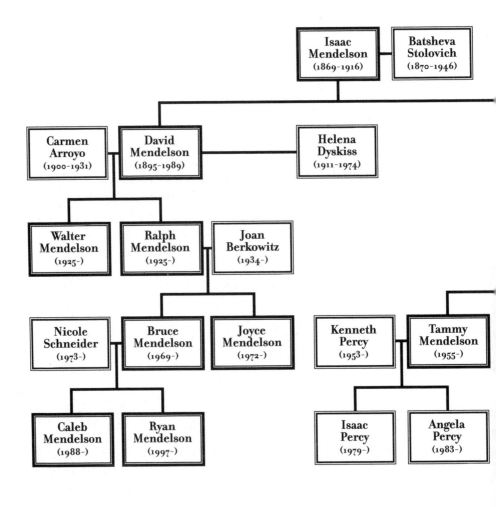

Isaac Mendelson (1869-1916) — Batsheva Stolovich (1870-1946)

Carmen Arroyo (1900-1931) — David Mendelson (1895-1989) — Helena Dyskiss (1911-1974)

Walter Mendelson (1925-)

Ralph Mendelson (1925-) — Joan Berkowitz (1934-)

Nicole Schneider (1973-) — Bruce Mendelson (1969-)

Joyce Mendelson (1972-)

Kenneth Percy (1953-) — Tammy Mendelson (1955-)

Caleb Mendelson (1988-)

Ryan Mendelson (1997-)

Isaac Percy (1979-)

Angela Percy (1983-)

Descendant direct.

arbre généalogique

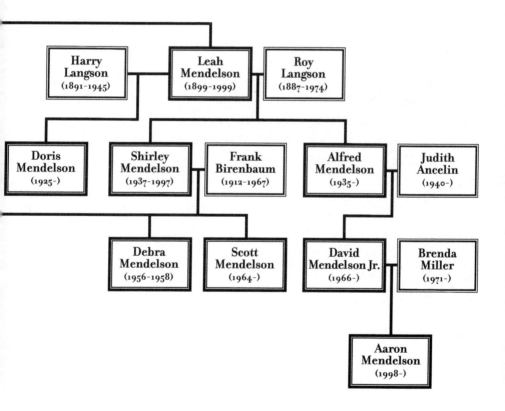

AVANT-PROPOS

L'histoire qui suit n'a pas été vécue par l'auteur : à l'exception du chapitre final de ce troisième tome, elle n'est basée que sur des témoignages et des entretiens.

Pour cette raison, et malgré un souci constant d'exactitude, il est impossible d'en garantir l'absolue véracité.

LES ANNÉES TRENTE… Après la mort mystérieuse de Carmen, David Mendelson élève ses deux fils à New York avec sa compagne Helena. Son poste de journaliste au *New York Times*, même s'il lui permet notamment de couvrir l'affaire de l'enlèvement du bébé Lindbergh et le crash du zeppelin Hindenburg, ne semble pas lui apporter les gratifications espérées. En toute logique, il monte bientôt sa propre agence de photographie. Mais le contexte est difficile ; la guerre approche. En 1944, Walter participe au Débarquement de Normandie, tandis que Batsheva, prise d'une pulsion apparemment irrésistible, retourne en Europe au péril de sa vie. La guerre terminée, le clan se ressoude autour du patriarche David. Batsheva n'est plus ; Walter, qui travaille toujours pour l'armée américaine, mène une existence chaotique et solitaire. Comme son frère Ralph, il cherchera longtemps sa voie avant de rejoindre l'agence familiale.
À Los Angeles, Leah, qui a refait sa vie avec Roy, le frère mathématicien de Harry, regarde grandir ses propres enfants avec un mélange de fierté et d'angoisse. Installée à San Francisco, Shirley doit faire face au plus terrible des drames intimes : la perte d'un enfant. Doris et Alfred, entrés dans la vie active, la soutiennent au mieux de leurs possibilités.
La nouvelle génération Mendelson serait-elle plus sage que la précédente ? On pourrait presque le penser. En octobre 1965 cependant, à la surprise générale, Ralph déclare qu'il va partir au Vietnam…

1965-1974

PENDANT CE TEMPS

DÉCEMBRE 1965 : Ralph Mendelson s'envole pour le Vietnam, laissant derrière lui sa jeune compagne, Joan, et le reste de sa famille – son père David pour commencer, ainsi que son frère Walter qui, à New York, continuent de s'occuper de l'agence *M. & Sons*.

Joan raconte : « *C'était une décision mûrement réfléchie, je veux le croire en tout cas. Mais je ne pouvais pas l'entendre ; j'étais dévastée. J'ai tout essayé pour empêcher Ralph de partir, croyez-moi. J'ai même mis notre couple dans la balance. Ralph m'a répondu que notre couple mourrait s'il ne partait pas ; il avait sans doute raison. Ce dont je n'avais nullement pris conscience – et à cet égard, je dois dire que les discussions que j'ai eues avec*

*David m'ont beaucoup aidée par la suite —, c'est que mon fiancé
se trouvait à l'époque dans une impasse. Malgré les responsabilités que lui avait confiées son père, il était dans l'incapacité
de s'épanouir. Il lui manquait quelque chose et il ne savait pas
quoi. »*

Ralph renchérit :

*« J'avais entamé une analyse en 1964 et, même si je l'avais
abandonnée en cours de route pour une multitude de raisons qu'il
serait fastidieux d'énumérer ici, j'avais au moins commencé
à cerner le problème prin-
cipal, je veux parler de
ma passivité. En vérité, je
n'avais jamais correcte-
ment pris part à l'action.
Un exemple ? Tout le mon-
de connaît l'histoire de Lee
Harvey Oswald, l'assassin
de Kennedy tué à son tour
après douze heures d'inter-
rogatoire. Dans la famille,
on vous racontera que j'étais
bien là, le 24 novembre
1963 à 11 h 21, lorsque Jack
Ruby a tiré sur Harvey dans
les garages de la police de
Dallas. Mais on s'abstien-
dra poliment de mention-
ner que le déclencheur de
mon appareil photo s'est
enrayé au moment crucial.*

23 NOVEMBRE 1963. LE *NEW YORK TIMES*
TITRE SUR L'ASSASSINAT DE JOHN F. KENNEDY.
LYNDON JOHNSON PRÊTE SERMENT.

*Ça, c'était du Ralph Mendelson tout craché. Bon sang, heu-
reusement que je n'étais pas seul ! (Il se tait, songeur.)
Naturellement, l'histoire de mon frère pesait lourdement sur
ma propre trajectoire. Il avait risqué sa vie, pas moi. Il s'était
battu pour d'autres, pas moi. En résumé, il savait de quoi il
parlait, et pas moi. J'avais ce problème de légitimité, d'estime
personnelle. M. & Sons prônait l'action sur le terrain et le
témoignage actif. Moi, j'étais assis derrière un bureau à préparer
les voyages des autres. La tournure que prenaient les événements
du Vietnam ne me plaisait absolument pas. J'avais le sentiment que nous courions droit à la catastrophe. J'ai donc décidé
d'aller voir de quoi il retournait — comme ça, sur un coup de
tête. Non, je ne pouvais pas demander à Joan de me comprendre : je parvenais à peine à me comprendre moi-même. Tout
ce que je savais, c'était que rester à New York était une bien plus
mauvaise idée que partir. Alors je suis parti. J'ai serré ma fiancée dans mes bras et je lui ai promis qu'à mon retour, nous nous
marierions et nous aurions des enfants. Je pensais revenir
quelques semaines plus tard, deux mois tout au plus. Jamais
je n'aurais cru que l'affaire dans sa totalité s'étirerait sur près
de trois ans et demi. Joan s'est montrée exemplaire, je dois le
reconnaître, tout comme je dois reconnaître que je lui ai totalement imposé mon choix. Elle m'a attendu. Oh, ça n'a pas été
sans mal. Mais elle m'a attendu. Tant d'autres auraient jeté
l'éponge ! D'une certaine façon, cette séparation, avec tout ce
qu'elle a comporté de colère, de doute et de déchirures, a été le
ciment qui a scellé notre couple. Il ne pouvait plus nous arriver grand-chose après ça. »*

16

Nous reviendrons un peu plus loin sur la vie quotidienne de Joan à New York pendant les quatre « missions » de son futur époux, ainsi que sur l'aventure de Ralph au Vietnam. Pour l'heure, c'est aux tribulations de Walter que nous nous intéressons.

Walter Mendelson, nous l'avons maintenant établi, est sans doute le personnage le plus énigmatique de notre saga, car de très loin le moins loquace. Aucun journal, aucun courrier ne permet de suivre avec précision son parcours. Il faut nous en remettre aux témoignages des autres membres de sa famille, en particulier de sa cousine Doris, qu'il considère comme sa plus proche confidente. Ici, l'aînée de Leah Mendelson profite de l'occasion pour nous raconter « sa » seconde moitié des *sixties*.

Doris, que faisiez-vous et où étiez-vous en 1965 ?
Je me trouvais à Washington, où je travaillais depuis 1962 pour le Comité international de la Croix-Rouge au sein de la délégation régionale. J'occupais des fonctions administratives mais je voyageais également beaucoup : je coordonnais en effet plusieurs actions fédérales, principalement au niveau de la collecte de fonds.

Comment aviez-vous déniché ce poste ?
Par le père d'une amie avec qui j'étudiais au lycée à Los Angeles. Il y avait eu des soirées chez cet homme. Il travaillait pour le Comité et m'avait confié que ses collègues cherchaient quelqu'un à Washington. Je crois qu'un déclic s'est produit en moi : j'ai eu envie de tenter l'aventure. Vous savez combien les Mendelson détestent la sédentarité. J'ai passé un entretien

et j'ai été prise sans délai —principalement parce que je parlais allemand, il me semble. Mon premier travail n'avait rien de spectaculaire. C'était pratiquement du secrétariat. Mais ensuite, je suis montée en grade assez vite. Tout était à faire, vous savez : le Comité avait été presque ruiné par la Seconde Guerre mondiale, il lui fallait trouver des ressources, réinventer un équilibre. Le prix Nobel de la paix, en 1963 a attiré l'attention sur nos actions mais notre situation financière est longtemps demeurée délicate.

Vous rendiez-vous souvent à New York, à cette époque ?
Aussi souvent que mes fonctions m'en offraient l'opportunité, c'est-à-dire deux fois par an au minimum, je faisais le trajet en voiture. Je m'accordais une semaine, voyage compris, ce qui réduisait ma présence effective sur place à cinq jours. Oui, il me fallait chaque fois une journée entière pour parcourir les deux cents miles : j'étais particulièrement prudente et je m'arrêtais fréquemment sur la route, à Baltimore ou à Philadelphie.

Où dormiez-vous ?
En général, chez mon oncle : c'était le passage obligé. Helena tenait beaucoup à cuisiner pour moi et, à chaque passage, elle me régalait de carpe farcie, de foie de volaille haché, de canard rôti à l'ail, de strudel aux pommes et de gâteau au fromage. J'en ai encore l'eau à la bouche ! (Rêveuse.) Je rendais aussi visite à Ralph et à Joan. Enfin, plutôt à Joan : c'était l'époque où mon cousin partait régulièrement au Vietnam. Parfois, il se trouvait là, préoccupé, s'efforçant de donner le change. À d'autres moments, son absence en elle-même devenait une

présence. Joan se sentait très seule, intensément vulnérable. Elle faisait face comme elle pouvait mais ça n'avait rien d'aisé. Ces deux-là ont vécu une période délicate.

Où habitaient-ils alors ?
Après Brooklyn, ils avaient acheté cet appartement hors de prix à Manhattan dans l'Upper East Side. Je ne dormais là-bas qu'en l'absence de Ralph. Joan avait abandonné ses études de droit pour donner des cours d'anglais au lycée et David versait directement sur leur compte commun la majeure partie du salaire de son fils. Après quoi, il l'a embauchée à l'agence. L'argent n'était pas un problème, au fond. C'est la solitude qui en était un.

J'en ai discuté avec Joan elle-même[1].
C'est ce qu'elle m'a dit.

Je voudrais maintenant que vous me parliez un peu plus de Walter. Vous savez que mes sources d'information sont maigres.
Comme c'est étonnant ! (Rires.)

Vous le voyiez aussi à New York, n'est-ce pas ?
Bien sûr. Il s'était acheté une petite maison à Brooklyn sur la 10ᵉ Avenue, près de Prospect Park : il y habite toujours, d'ailleurs. J'allais lui rendre visite le dimanche, après Shabbat.

Il observait le Shabbat ?
Parfois, oui ; à d'autres moments, non.

---

1. *Voir le chapitre « Le retour », page 79.*

Vous voulez dire…

Que sa foi suivait surtout les caprices de son humeur. Bah, un autre trait commun à de nombreux Mendelson : quel scoop ! Quoi qu'il en soit, nous allions systématiquement déjeuner dans un minuscule restaurant kasher, un endroit ravissant qui n'existe plus aujourd'hui et dont j'ai oublié le nom, hélas, mais qui était tenu à l'époque par un petit homme presque centenaire. Il servait les meilleurs sandwichs au pastrami qu'on puisse imaginer. Nous avions là de longues discussions qui s'éternisaient parfois jusqu'au soir.

De quoi vous entretenait Walter ?

Oh, lui, il était plutôt celui qui écoutait. (Rires.) *J'étais —je suis toujours —une incorrigible bavarde. Donc tout y passait. Ma vie amoureuse. Le* De sang-froid *de Capote. Les avancées de la conquête spatiale. L'URSS et les menaces qu'elle faisait peser sur le monde.* Qui a peur de Virginia Woolf ? *avec Elizabeth Taylor et Richard Burton. Mon travail, mes problèmes au travail. L'essor des mouvements féministes.*

Auxquels vous apparteniez ?

Non. Mais j'ai assisté presque en direct à la fondation de la NOW[1], si vous voulez savoir, et plusieurs de mes amies étaient fort impliquées.

Que pensait Walter de ce genre de mouvements ?

Rien. En tout cas, il n'en disait rien. D'un autre côté, il était très rare qu'il émette des commentaires sur quoi que ce soit. Il opinait, il posait des questions, il encourageait peut-être mais,

1. *National Organization for Women —principale organisation féministe américaine, fondée à Washington en 1966 et qui compte aujourd'hui 500 000 membres.*

en général, il s'abstenait de tout jugement. Il a toujours été ainsi. J'avais l'impression de parler à un psychanalyste. C'est peut-être ce qu'il était, au fond — à ceci près qu'il n'a jamais demandé à être payé. (Rires.)

Combien de temps ont duré ces petites réunions ?
Plus de dix ans. Jusqu'à ce que nous prenions la décision de partir pour la Chine.

Nous reviendrons à cela aussi, bien sûr. Mais, auparavant, je voudrais essayer d'en apprendre plus sur le Walter des années soixante-dix. Lorsque je lui ai envoyé mes questions, il m'a simplement répondu : « Demandez à Doris. » Apparemment, vous êtes la mieux placée. Et vous avez plus ou moins carte blanche. Alors je vous demande : lui connaissiez-vous des petites amies, par exemple ?
(Doris se gratte le front, réfléchit.) *Pas vraiment au sens où vous l'entendez. Il avait des maîtresses, mais ça ne durait pas...*

Il vous en parlait ?
Quand je lui posais la question, c'est-à-dire exceptionnellement. Il y avait — il y a toujours — un immense souci de pudeur chez lui. Il ne se vante jamais de rien. Je suppose que, s'il s'était passé quelque chose d'important, il s'en serait ouvert.

À quoi attribuez-vous ce manque de constance avec les femmes ?
C'était sa volonté. Il n'a jamais voulu s'engager.

Mais pourquoi ?
(Elle hausse les épaules.) *Walter est un idéaliste. S'il ne trouve pas la femme de sa vie, eh bien, il ne se contente pas d'un pis-aller.*

Et vous ?
Moi ? (Elle paraît surprise.) *On peut sans doute dire la même chose en ce qui me concerne. Mais, dans un sens, c'est encore plus compliqué, car je n'ai jamais nourri un goût particulier pour les hommes.*

Au fond, vous vous retrouviez tous deux dans cette quête impossible de l'histoire idéale.
Si vous voulez.

Je vous ai connue plus loquace.
(Elle sourit.) *C'est parce que... Je réfléchis à ce que vous me dites. « Quête impossible. » Je ne sais vraiment pas...*

Il me semble – arrêtez-moi si je me trompe – que vous avez pallié ce manque par l'engagement et les voyages.
Sans doute. En partie. Et Walter aussi. Il a beaucoup voyagé pour le compte de l'agence durant ces années-là. Il s'est rendu en France, en Suisse, en Italie.

Que faisait-il, là-bas ?
Prospection. Il était sans cesse en quête de nouveaux sujets, de nouveaux photographes. Il visitait des expositions. Il rencontrait des acheteurs privés, quelques directeurs de magazines aussi.

Vous parlait-il de ses voyages ?
Il m'en parlait parfois, et sur un ton superbement détaché, du genre « Tiens, j'étais à Paris le mois dernier » ou « Oh, à propos, je t'ai rapporté ce petit souvenir de Genève. »

Le fait de retourner en Europe, vingt ans après le Débarquement, cela réveillait-il des souvenirs en lui ?
Je n'en sais rien. J'imagine.

Et son frère ? Lui manquait-il, se faisait-il du souci pour lui ?
Un sang d'encre. Mais il était fier de lui, aussi. Il était peut-être le seul à comprendre ce que fabriquait Ralph.

Diriez-vous que Walter était heureux, avant de partir en Chine ?
Ce que je peux affirmer, c'est que ce voyage l'a changé en profondeur, plus encore que le Débarquement. Tout le monde sait que Walter est parti trop tôt à la guerre : cette expérience n'a pas modelé sa personnalité au sens où on l'entend communément. Mais la Chine ! Il était un homme avant de partir en Chine, un homme dans la force de l'âge. Pour répondre à votre question, le bonheur n'a jamais réellement été une donnée rationnelle pour Walter. Comme son frère, il préférait le chercher que trop y réfléchir. Il lui fallait sans cesse un but, un « axe » autour duquel se définir, s'articuler en tant qu'homme.

Sur les années qui précèdent le départ de Walter et Doris pour la Chine, je ne parviendrai pas à en apprendre beaucoup plus.

M. & Sons est devenue l'une des premières agences indépendantes de Manhattan : elle emploie sept personnes à plein-temps, et une cinquantaine de ses photographes sillonne le monde en permanence, généralement par binômes.

Et David ? Pour un homme sur le point d'entamer sa huitième décennie d'existence, le patriarche se porte remarquablement bien. Si l'on en croit son journal, son médecin d'alors, un certain docteur Heine, lui conseille cependant, et à plusieurs reprises, de « lever le pied ». Le vieil homme n'obtempère pas immédiatement, mais ne reste pas insensible au bien-fondé de la suggestion. L'été

JOURNAL INTIME DE DAVID. 21 NOVEMBRE 1965. *Départ de Ralph pour l'autre côté, la guerre nouvelle, la jungle des hommes : Vietnam. Réclames-tu ma bénédiction, mon fils ? L'observance stricte du Shabbat m'a interdit d'accompagner mon garçon à l'aéroport. Et quand bien même aurais-je passé outre, mon arthrite, ma tristesse, un brin de superstition maussade m'auraient gardé cloué à la maison. Ne me restent à présent que la prière et la méditation.*

November 21, 1965
Ralph's departure abroad, the new war,
the jungle of men : Vietnam. Do you want
my blessing, my son ? Strict observance
of the Sabbath forbade me to accompany
my boy to the airport. Besides, I would
have fallen short : my arthritis, my sorrow
and a touch of gloomy superstition would
have kept me trapped at home. Prayer and
meditation are all that is left now.

venu, il prend ses quartiers dans la grande maison de Greenwich, où le rejoignent bien vite Leah et Roy, ainsi qu'une ribambelle de neveux, nièces et autres petits-neveux. À la fin des années soixante, il se découvre une passion pour la pêche, acquiert des jumelles et des bottes en caoutchouc, s'intéresse aux oiseaux des marais. À plusieurs reprises avant la naissance de Bruce, on l'entend se plaindre de ne pas être grand-père.

« Il était aux aguets, me révèle Joan. Chaque fois que Ralph était de retour, il scrutait mon ventre et me questionnait sur mes intolérances alimentaires. Je soupirais. "David : je ne suis pas enceinte." Il levait alors les yeux au ciel, comme si l'idée ne lui avait jamais traversé l'esprit. Mais il en rêvait, je peux vous le certifier, il en rêvait jour et nuit et nous savions très bien, Ralph et moi, que tous ses espoirs reposaient sur nous. »

～⁄⁄⁀

Après Tammy, Debra et Scott, David Jr., le fils d'Alfred et de Judith, est le quatrième enfant de la nouvelle génération Mendelson à voir le jour.

Comme son oncle avant lui, Alfred travaille pour Hollywood. Il y officie notamment en tant que scénariste adjoint sur des séries télévisées de divertissement telles que *Au cœur du temps* ou *L'Homme de fer*. Son nom, toutefois, apparaît rarement au générique. *« Question contractuelle, explique-t-il, je rafistolais les textes de gens plus connus que moi et ne pas me créditer arrangeait grandement mes employeurs. Moi, ça ne me dérangeait pas : on ne travaillait pas non plus sur* Citizen Kane. (Rires.) *Sans compter que les chèques, eux, étaient correctement libellés.* (Rires.) *Vous savez, il n'était pas question de faire la fine bouche. Au début des années soixante, tout de suite après l'épisode* Vertigo, *j'ai connu un passage à vide assez compliqué, et il m'a fallu du temps pour admettre que je ne travaillerais plus jamais avec Hitchcock —que cet épisode n'avait été qu'une anomalie. Les temps étaient durs, alors. Pour dire les choses comme elles sont, je ne trouvais pas vraiment de boulot. Mon oncle n'ayant gardé aucun contact dans le milieu, je partais véritablement de zéro. Avec Judith, qui donnait des cours de français à droite à gauche, nous tirions un peu le diable par la queue. Ma mère nous a bien aidés, à ce moment-là. Pendant un temps, nous avons occupé l'ancienne chambre de Doris. C'était une situation délicate mais nous n'avions pas le choix. J'envoyais des projets au petit bonheur la chance. À force d'opiniâtreté, j'ai fini par attirer l'attention. En 1962, j'ai rencontré un producteur qui travaillait pour la NBC. Il m'a mis à l'essai sur une série grand public, l'histoire d'une famille dans les montagnes du Colorado au début du siècle. Le projet n'a finalement jamais vu le jour, mais j'ai été gardé. »*

À partir de 1963, Alfred et Judith gagnent suffisamment d'argent pour abandonner leur refuge de Beverly Hills. Avec un couple d'amis présentés par Doris, ils jettent leur dévolu sur un logement à Burbank, de l'autre côté des collines.

« C'était une petite maison de pierre jaune, se souvient Judith, minuscule mais absolument adorable. Le jardinet était doté de palmiers et de chaises en fer forgé, et nous louions le tout pour une somme très modeste : nos amis, les Mansell, connaissaient personnellement les propriétaires. L'intérieur était constitué de

deux sections séparées, avec la cuisine en commun. Les Mansell voyageaient beaucoup ; ils étaient absents la moitié de l'année : Sargent était géologue — ou quelque chose comme ça —, ce qui fait que, bien souvent, nous avions la maison pour nous seuls. Les choses ne se passaient pas trop mal pour Alfred à Hollywood et, bientôt, j'ai trouvé un emploi de vendeuse dans une librairie locale. Un soir — nous étions avachis sur nos chaises, occupés à fumer en regardant les étoiles —, je me suis tournée vers Alfred : "Et si on faisait un enfant ?" Il s'est passé une main dans les cheveux. Il occupait ses journées à inventer des histoires de créatures meurtrières et de voyages dans le temps. Était-il prêt à être père ? "D'accord, a-t-il répondu à ma grande surprise, allons-y." Et il m'a allumé une nouvelle cigarette. »

Alfred et Judith se marient en juin 1965. L'union est bénie par un rabbin local, et c'est la maison de Roy et de Leah qui accueille la réception. Doris, Shirley, son mari et leurs enfants sont les seuls invités. « Nous ne tenions pas à une grande fête, explique Judith. Pour nous, cette union n'était qu'une formalité. L'essentiel s'était passé bien avant. » Trois mois plus tard, la jeune femme tombe enceinte. « La première chose que j'ai faite, se souvient Alfred, c'est téléphoner à mon oncle. Je savais à quel point la mort de Debra l'avait affecté. Bien sûr, il y avait eu Scott depuis et Tammy avant ça, mais la blessure restait béante, et seules de nouvelles naissances paraissaient en mesure d'atténuer sa peine. Ce matin-là, mon oncle a pleuré longuement, et j'ai pleuré avec lui. Il était terriblement heureux pour nous, mais cette annonce le renvoyait aussi à maints tiraillements intérieurs et au fait qu'il n'était, pour sa part, toujours pas grand-père. »

Le fils de Judith et d'Alfred voit le jour en juin 1966 au terme d'un accouchement de près de trente heures. « *Vous auriez dû me voir, se souvient le père en riant, un vrai modèle de*

JOURNAL INTIME DE DAVID. 16 JUIN 1966. *David Jr. est là. Oh, le tenir, le lever dans mes bras, joie surhumaine ! Ses parents m'ont promis de venir à New York. Mon cœur est partagé : le souffle, à nouveau, de la vie exaltée – et la tristesse profonde et chronique de ne pas être grand-père. Je sais que je fatigue Joan avec mes histoires. Elle ne me promet rien, elle a cette sagesse : patience, répète-t-elle sans se lasser elle-même. Mais j'ai soixante et onze ans et « patience » est un mot que je ne sais plus entendre.*

June 16, 1966

David Jr. is here. Oh, to hold him, to lift him at arms' length, what superhuman bliss! His parents have promised to come to New York. My heart is torn between the breath, again, of an exalted life, and the deep chronic sadness of not being a grandfather.

I know Joan is tired of my goings on. She doesn't promise me anything, she has this wisdom : be patient, she tirelessly repeats. But I'm seventy one, and 'patience' is a word I can no longer heed.

self-control! En bras de chemise, je faisais les cent pas dans la salle d'attente. J'avais fumé toutes mes cigarettes mais je n'osais pas aller en acheter d'autres. J'étais persuadé que l'enfant sorti- rait dès que j'aurais le dos tourné. Deux nuits sans sommeil. Je ressemblais à un cadavre ambulant. Lorsque l'infirmière a ouvert la porte pour annoncer mon nom, j'ai titubé dans sa direction et je me suis évanoui. Quand j'ai repris mes esprits, j'étais assis sur une chaise, et ma femme tenait mon fils contre son sein. Elle m'a adressé un sourire. "Tu as failli rater quelque chose." J'ai grimacé puis je me suis avancé à la fenêtre. Nous donnions sur la rue. J'ai ouvert en grand. "J'ai un fils!" Un hurlement à m'en déchirer les poumons, comme mon grand-père en son temps[1]*. Après ça, il me semble que je me suis évanoui de nouveau. »*

L'enfant se porte bien. Les parents le prénomment David Jr. « *Nous sommes allés à New York quelques mois plus tard, poursuit Alfred. Judith et moi avions décidé de célébrer Hanoukka avec mon oncle et ma tante. Walter n'était pas là, ni Ralph, ni Joan, ni Doris, tous occupés ailleurs. Je me suis dit que je devais ça à mon oncle. De fait, il n'a pas lâché David Jr. de toute la semaine. Dans les allées de Central Park, il poussait son landau tête haute. Qu'il neige ou qu'il vente, il lui parlait, sans arrêt. Helena, Judith et moi suivions à distance respectable. Je garde un souvenir très tendre de ce séjour.* »

Alfred travaillera pour Hollywood jusqu'à l'âge de sa retraite. Rétrospectivement, il s'en amuse beaucoup.

« *J'ai eu de la chance, en un sens. Je ne crois pas que j'étais spécialement fait pour réécrire des scénarios mais les choses se sont présentées ainsi. À partir de 1967, les producteurs se sont mis*

---

1. *Voir le tome 1 de* La Saga Mendelson, Les Exilés.

à faire appel à moi très régulièrement. Ils avaient toutes sortes de projets à me confier. J'étais fiable, relativement rapide, souvent de bonne humeur, et je ne coûtais pas cher. Vous seriez surpris de savoir le nombre de séries sur lesquelles je me suis échiné. Vous en avez forcément vu quelques-unes. »

Quand je lui demande de citer des titres, Alfred s'allume une cigarette. *« J'étais un artisan, rien de plus. Un raboteur, un réparateur, un homme à tout faire. Les détails ne sont pas très intéressants. »*

Lorsque je le questionne sur ses souvenirs des *sixties*, il croise les mains sur son abdomen et se renverse sur sa chaise. Nous nous trouvons à Burbank, dans une charmante petite villa avec piscine[1].

« Je me souviens de la disparition de Walt Disney, murmure Alfred dans un soupir. 15 décembre 1966. J'ai montré un livre de Dumbo à David Jr. et j'ai fondu en larmes : comme un gosse. J'étais un inconditionnel de Disney ; je le suis toujours, d'ailleurs. (Il sourit.) Bon, je vois bien que vous n'êtes pas rassasié. Que voulez-vous que je vous raconte ? Ça a été une période si étrange, si intense et si brève à la fois ! Parfois, je me demande si nous ne l'avons pas rêvée. En tout cas, les autres décennies me paraissent bien calmes en comparaison. Que s'est-il passé durant les années quatre-vingt, hein ? À part la chute du Mur... Alors que là !

En 1968, un timbre de 6 cents est émis, rendant hommage à Walt Disney (collection personnelle d'Alfred Mendelson).

---

1. *À la mort de Roy, Leah cède sa villa à un acteur de comédies romantiques et achète un petit appartement à Pacific Palisades. De la somme restante, elle fait don à Doris, Shirley et Alfred. Locataire à Burbank pendant plus de dix ans, ce dernier est désormais en mesure d'acquérir une véritable maison.*

Les émeutes raciales de 1967, l'assassinat de Malcom X et de Martin Luther King, les explosions de violence, le Vietnam, les manifestations anti-Vietnam, et la musique bien sûr ! les Beatles, les Doors et The End, Bob Dylan, Joan Baez, Take a Picture *de Margo Guryan (disque que vos lecteurs ne peuvent pas connaître, mais doivent absolument découvrir), et puis le premier homme sur la Lune,* 2001 : L'Odyssée de l'espace... *Tout paraissait possible, mais l'arrière-plan était véritablement sinistre. Ce qui a marqué la fin des années soixante, leur véritable acte de décès, si vous voulez mon avis, c'est le meurtre de Sharon Tate par Charles Manson*[1], *le 9 août 1969 : ça, je m'en souviens comme si c'était hier. Là-bas, dans les collines.* (Il désigne une direction par la fenêtre.) *Nous vivions dans une sorte de terreur permanente et joyeuse. C'est très difficile à expliquer. Tenez.* (Il se lève, tire un mince volume de sa bibliothèque, en laisse tourner quelques pages.) *Il y a ce passage d'un texte de Joan Didion que je voudrais vous lire. Il synthétise parfaitement le sentiment de l'époque.* (Il s'éclaircit la voix.) *"C'était un pays de dépôts de bilan et d'annonces de ventes aux enchères publiques et d'histoires quotidiennes de meurtres gratuits et d'enfants égarés et de maisons abandonnées et de vandales qui ne savaient même pas orthographier les mots orduriers qu'ils griffonnaient sur les murs. [...] Des adolescents erraient d'une ville déchirée à l'autre, renonçant au passé comme au futur, tels des serpents se défaisant de leur peau pendant la mue ; enfants à qui l'on n'avait pas appris et qui n'apprendraient désormais jamais les jeux assurant*

---

1. *Actrice et épouse du réalisateur Roman Polanski, la jeune et très belle Sharon Tate fut assassinée de manière particulièrement abominable dans sa villa hollywoodienne en compagnie de quatre invités, alors qu'elle était enceinte de plus de huit mois. Le tristement célèbre Charles Manson est connu pour avoir commandité le massacre, dont le retentissement aux États-Unis a été énorme.*

la cohésion de la société. Des gens étaient portés disparus. Des enfants étaient portés disparus. Des parents étaient portés disparus. Ceux qui restaient lançaient des avis de recherche sans conviction, puis passaient à autre chose[1]." »

Alfred referme le livre doucement, le range dans son rayonnage et se rassied sans mot dire. Puis il me regarde. « *L'Amérique, finit-il par lâcher avec un sourire triste. L'Amérique exactement.* »

---

1. « *En rampant vers Bethlehem* », *extrait de* L'Amérique : Chroniques, *de Joan Didion, traduction Pierre Demarty pour les éditions Grasset.*

L'ÉTÉ DE L'amour
ET DE La Haine

FRANK BIRENBAUM, L'ÉPOUX DE SHIRLEY, succombe à un arrêt cardiaque un soir de février 1967 à San Francisco[1]. Tammy n'a pas encore douze ans mais ses souvenirs sont très vifs.

« *Nous étions assis tous les deux sur le canapé, m'explique-t-elle au téléphone. Le* Tonight Show *de Johnny Carson venait de commencer : il était près de minuit et j'étais venue rejoindre mon père parce que j'avais fait un cauchemar. Mon père se couchait tard en général, il n'avait besoin que de quatre ou cinq heures de sommeil, et le* Tonight Show *était son programme favori. Je me suis blottie contre lui. Je savais que cela ne durerait que quelques minutes mais j'aimais être là, j'aimais sentir*

---

1. *Voir le tome 2 de* La Saga Mendelson, Les Insoumis.

son odeur, l'entendre toussoter, marmonner, renifler. À un moment, il s'est levé. Il se tenait l'épaule gauche, sa main s'était crispée. Je me suis redressée. "Papa ?" Il m'a adressé un de ses sourires lumineux, le dernier. "Ma chérie, je crois que tu devrais aller chercher ta mère." Et puis il s'est effondré, d'un coup. J'ai couru jusqu'à la chambre de mes parents. Ma mère était en nage. D'une façon ou d'une autre, elle avait compris. Elle s'est précipitée dans le salon et a posé une main sur la poitrine de mon père... Le reste est un peu flou. Carol et Norman sont arrivés, ça, je m'en souviens. Quelqu'un a appelé les pompiers... »

Trois jours plus tard, Frank est inhumé dans un cimetière de Colma, la « ville des morts ». Colma est un endroit tout à fait étonnant ; rares sont les étrangers à en avoir jamais entendu parler. Dès la fin du XIXᵉ siècle, une ordonnance interdit, pour des raisons financières, de construire des nécropoles à San Francisco même ; il fallut donc trouver un site. Le choix des habitants se porta sur le comté voisin de San Matteo, à l'entrée de l'actuelle Silicon Valley. Le premier cimetière, le Holy Cross Catholic Cemetery, ouvrit ses portes là-bas en 1887. D'autres allaient suivre très vite. Bientôt, on dut y transporter les restes des défunts enterrés à San Francisco. Un « train des morts » fut affrété pour l'occasion. Aujourd'hui, Colma compte 1 200 habitants vivants pour 1,5 million de corps répartis dans 17 cimetières.

❧

C'est dans l'un de ses cimetières, à sa demande, que je rencontre Tammy. Nous sommes en mars 1998, quelques mois après la mort de Shirley, et la jeune quadragénaire, qui habite Los Angeles, se trouve à San Francisco pour s'occuper de la tombe familiale où reposent ses parents. Impressionné par la splendeur funèbre des lieux, je m'avance lentement sur les pelouses du cimetière juif qui, semé d'essences nobles et de palmiers, se déploie face à d'immenses collines pelées.

Tammy m'adresse un signe. Vêtue d'un tailleur noir et d'un chapeau à l'ancienne, elle est occupée à remettre des pots de fleurs en place. À mon approche, elle se relève. Âgée de quarante-deux ans, c'est plus que jamais une femme superbe, dont l'élégance racée évoque irrésistiblement la grâce photogénique de sa mère. Tammy a été mannequin, impossible de l'ignorer. D'une main, elle écarte une mèche de son front et m'adresse un pâle sourire. Sans même attendre mes questions, elle me parle de la tombe : comment son père, pourtant non converti, a fait l'acquisition de la concession en secret de sa femme et obtenu l'autorisation de s'y faire enterrer à ses côtés, avec leur fille Debra ; comment sa femme ne l'a appris qu'après sa mort par une lettre scellée placée dans un tiroir de son bureau. « *Un acte d'amour exceptionnel, murmure Tammy. Mais est-ce étonnant ? Mon père aurait décroché la lune pour elle.* » Dépliant un mouchoir, elle s'en tamponne les paupières et lève vers le ciel un regard troublé.

Pendant quelques minutes, nous évoquons la vie comme elle va : Tammy s'enquiert des progrès de mon travail, du quotidien en Europe, de ses petits cousins Bruce et Joyce qu'elle n'a pas vus depuis « une éternité ». Puis, comme répondant à quelque tressaillement secret, elle hoche le menton vers mon enregistreur. Nous pouvons commencer.

Tammy, je voudrais que vous me parliez, si vous vous en sentez le courage, des semaines et des mois qui ont suivi la mort de votre père.
(Elle hoche la tête.) *1967 fut une mauvaise année. Maman était anéantie, vous l'imaginez bien. Veuve à trente ans... Mais c'était une femme très forte, et nous avons été remarquablement entourés. Par notre famille, en premier lieu : Leah venait nous rendre visite aussi souvent que possible, et Alfred, et Ralph également, quand il ne se trouvait pas au Vietnam. Rabbi Morris Goldstein, de la congrégation Sherith Israel, complétait l'équipe de soutien. Maman le suivait comme son ombre. Cet homme-là, je ne l'ai vu qu'à deux ou trois reprises : il ne passait jamais à la maison. Mais son influence sur la guérison, si j'ose dire, de maman, a été considérable. Si elle est parvenue à faire son deuil et à nous élever comme elle l'a fait, mon frère et moi, c'est certainement grâce à lui. Elle nous en parlait tout le temps.*

Votre mère continuait à se rendre à la synagogue ?
Plus que jamais. Tous les samedis, elle y allait à pied, qu'il pleuve ou qu'il vente. Une heure de marche ! J'étais chargée de garder mon frère. Carol passait souvent. Elle m'apportait des chocolats ou des livres. Il y avait de la pitié dans sa mansué-tude, elle me mettait un peu mal à l'aise. C'était une femme très gentille, cependant, attentionnée et fidèle.

Quel genre de petit garçon était votre frère ?
Scott a toujours été sacrément turbulent mais je ne crois pas que cela avait à voir avec la mort de notre père : il était déjà comme ça avant. C'était aussi un enfant plein de tendresse, un tru-blion, un poète. Il m'adorait.

Il vous adore toujours.

(Elle sourit.) *Nous avons été chacun la bouée de sauvetage de l'autre, à un moment donné. Lui était la mienne quand il était petit...*

Se rendait-il compte de ce qui s'était passé ?

Il avait trois ans. Bien sûr qu'il se rendait compte. Mais à trois ans, la mort est quelque chose de très abstrait : une bizarrerie. Mon frère et moi avons porté le deuil pendant un an, conformément à la tradition. Les fêtes nous étaient interdites. Ce n'était pas triste, vous comprenez ? C'était normal. Quand des gens lui posaient des questions sur son père, Scott devait sûrement répondre : « Mon papa, il est au paradis, avec Adam ! » et retourner à ses jeux.

Où étiez-vous scolarisés ?

J'étais inscrite dans une école privée juive qui n'existe plus aujourd'hui, près de la Baie. Il fallait prendre le tramway. Mon frère a suivi ensuite.

Votre mère travaillait, je crois.

Le rabbin Goldstein lui avait trouvé une place de secrétaire au Jewish Home de Silver Avenue, une sorte de résidence pour personnes âgées. Maman devait travailler, ne serait-ce que pour ne pas devenir folle. Mais notre père lui avait laissé une bonne assurance vie, ainsi que trois garages florissants, qu'elle a revendus sans tarder, et la maison de Parnassus Avenue nous appartenait. Autant que je peux m'en souvenir, nous n'avons jamais eu de problèmes d'argent.

Historiquement, l'été 1967 est un moment très particulier à San Francisco et marque l'explosion sans précédent d'une véritable contre-culture. Venus du monde entier, cent mille jeunes gens de tous horizons —adolescents, étudiants, touristes, simples curieux et même militaires en permission— se regroupent dans le district de Haight-Ashbury pour vivre « l'expérience hippie » et se repaître d'amour et de psychédélisme. Écrite par John Phillips des Mamas & Papas, la chanson *San Francisco (If you're going to San Francisco, Be sure to wear some flowers in your hair.../ If you're going to San Francisco, You're gonna meet some gentle people there)* traduit à merveille l'état d'esprit de l'époque. Mais ce mouvement inattendu, couplé à l'omniprésence des drogues, soulève bientôt de sérieux problèmes de salubrité ; la clochardisation, le crime et les overdoses commencent à faire des ravages.

Tammy se rappelle…

Comment avez-vous vécu l'été 1967, à titre personnel ?
Comme une période extraordinairement excitante et lugubre. J'en voulais au monde entier, et c'était le pire moment qu'on puisse imaginer pour en vouloir à qui que ce soit ! (Rires.) Ralph est venu nous voir en juillet et il est resté presque tout l'été. Il venait de se fâcher avec Joan —à cause du Vietnam, bien sûr. Tour à tour, il pouvait se montrer formidablement enjoué ou horriblement taciturne. Le dimanche matin, nous allions nous promener dans le Golden Gate Park. Scott piétinait des massifs de fleurs, maman le laissait faire, Ralph ne réagissait pas : je me sentais très seule. Le soir venu, nous nous installions devant la télévision. Il y avait des émeutes raciales partout dans

Hippies dansant à Haight-Ashbury durant l'été 1967 (cliché de Ralph Mendelson, non daté).

le pays, et spécialement à Detroit, des slogans et des flammes. À San Francisco, l'Été de l'amour succédait au concert de Monterey. Des adolescents torse nu coiffés de chapeaux de paille jouaient du Ravi Shankar sur les pelouses. Haight-Ashbury était envahi par les hippies.

Comment votre mère les considérait-elle ?
Vous ne lui avez pas posé la question ?

Non.
(Elle soupire.) *Maman était une personne très réservée, éminemment sobre. Disons qu'elle avait un peu peur de ces gens,
de ce que leur présence impliquait en termes de changements
et de bouleversements sociaux. Mon père n'avait jamais caché
son aversion pour ceux qu'il appelait « les chevelus ». Maman
était plus mesurée, d'autant que Ralph avait sympathisé avec
quelques groupuscules locaux à la suite de conférences sur le
Vietnam données dans des librairies, mais elle n'était pas ras-
surée pour autant.*

Et vous ?
Moi ?

Votre point de vue sur cette période ? Ce déferlement ?
(Elle réfléchit.) *Crainte et fascination, je crois. Des types de
vingt ans jouaient des congas sur les trottoirs. Je veux dire,
cool !* (Elle rit.) *Mais il y avait aussi le problème des drogues,
surtout la nuit. Des ombres titubantes, des cris à la Lune, des
coups de couteau : un chaos indescriptible. Un jour, dans
Buena Vista Park, nous sommes tombés sur une jeune fille
entièrement nue qui se grattait la poitrine jusqu'au sang : elle
était persuadée que son corps était couvert d'insectes. Ralph m'a
entraînée à l'écart avant de retourner la voir. Je pleurais, j'étais
choquée. Une vraie jeune fille de bonne famille. Plus tard, j'ai
vu bien pire à New York.*

**Gardez-vous un souvenir des chansons de l'époque, des
films, des livres ?**
Ralph avait acheté des disques — les premiers albums des

Grateful Dead et des Doors – et il les écoutait sur l'électrophone du salon lorsque maman n'était pas là.

Où était Scott ?
Parfois, maman le faisait garder par Carol. Parfois, Ralph insistait pour s'en occuper. Et donc, nous écoutions l'album des Doors, le premier, celui avec The End, Break On Through et Light My Fire.

Vous aimiez réellement ce disque ?
Au début, je l'ai détesté : à cause de sa sauvagerie, de sa bizarrerie. Plus tard, j'en suis venue à l'adorer, exactement pour ces mêmes raisons. Oh, et il y avait All You Need Is Love aussi, cette chanson des Beatles qui collait si bien à l'époque, et si mal à la fois.

Que voulez-vous dire ?
Je crois que j'avais besoin de violence. All You Need Is Love ? Mon père venait de mourir, maman n'était plus qu'un fantôme, Scott pleurait la nuit dans son sommeil –je crois que nous pleurions tous, chacun à notre façon –, et il y avait ces images de guerre à la télévision, et ces charges de police dans toutes les grandes villes du pays : The End était une chanson nettement plus appropriée. Et je sais que Ralph l'écoutait au Vietnam, exactement comme dans Apocalypse Now ; des milliers de GI ont écouté cette chanson et sont morts.

La musique s'arrêtait-elle quand votre mère rentrait du travail ?
À peu de chose près, oui. Avant de s'en aller, Ralph m'a laissé

les disques. Il m'a dit qu'il me les prêtait. Il ne me les a jamais réclamés. Quand je suis partie de la maison, Scott les a récupérés. Ils ont disparu ensuite.

Et les films ? Vous souvenez-vous de certains films ?
Je me souviens seulement de Jayne Mansfield. Vivien Leigh. Des actrices que maman adorait. Elles sont mortes cette année-là.

Quand Ralph est-il reparti ?
Début septembre. J'avais repris le chemin du collège. Les hippies commençaient à quitter la ville. Tout sentait la mort et la désolation. Le 6 octobre, les funérailles officielles du mouvement ont été célébrées sur Haight Street. Assez bizarrement, c'est à partir de ce moment-là que nous nous sommes remis à vivre. Nous avions survécu à l'Été de l'amour et de la haine. Le travail de deuil était entré dans une phase nouvelle.

❧

À Los Angeles, Leah et Roy ont depuis longtemps fêté leurs trente ans de vie commune. Âgé de quatre-vingts ans, Roy est désormais un vieux monsieur qui souffre de problèmes rénaux, a subi trois hospitalisations et ne se déplace plus qu'avec une canne.

« *Je n'arrivais pas à comprendre comment le temps avait pu passer si vite, me raconte Leah au téléphone. Doris, Alfred et Shirley étaient partis depuis des années. Trois petits-enfants, et toutes ces guerres, et tous ces drames, et ces voyages ! J'ai été formidablement heureuse avec Roy. Il était si drôle, si loin de l'image du mathématicien austère que certains pouvaient se faire de lui ! Bien entendu, il répugnait à se montrer tel qu'il était devant des gens qu'il ne connaissait pas. Mais tous les membres de la famille vous le confirmeront : en privé, c'était un véritable boute-en-train.* »

En 1966, un certain Stephan Smale, mathématicien travaillant à l'université de Berkeley où enseigne encore parfois Roy Langson, est récompensé par la très prestigieuse médaille Fields (laquelle fait office, en quelque sorte, de prix Nobel de mathématiques) pour ses travaux en topologie différentielle. « *Stephan avait longtemps travaillé sous la tutelle de Roy, explique Leah. Ne me demandez pas ce qu'est la topologie différentielle. Ce que je sais, c'est que Stephan est venu nous rendre visite un soir sans s'annoncer avec une bouteille de château-d'Yquem et que nous avons passé une soirée sensationnelle. Stephan prétendait qu'il devait sa médaille à Roy, ce qui était sans doute un peu exagéré mais n'en arrivait pas moins à point nommé : depuis quelques années en effet, Roy avait l'impression que la communauté scientifique l'avait purement et simplement rayé de sa mémoire. Ses derniers articles n'avaient suscité qu'un intérêt de pure forme et les demandes de conférences étaient nettement en baisse.* »

Approchant de sa soixante-dixième année, Leah Mendelson se montre pour sa part toujours aussi active : elle partage désormais son temps entre un travail bénévole auprès de la Jewish Historical Society of Southern California (qui se consacre à la préservation de l'histoire juive locale), ses séjours à San Francisco où elle aide sa fille Shirley, et ses passages à Burbank, où Alfred et Judith la sollicitent volontiers pour garder David Jr.

Doris, qui lui parle très fréquemment au téléphone et lui rend visite aussi souvent que possible, évoque son énergie sans faille.

« Aux yeux de la famille, elle était le pilier immuable de la côte Ouest — elle l'avait été depuis 1929 et n'avait jamais failli depuis. Elle était celle vers qui nous nous tournions naturellement lorsqu'un problème se présentait. Elle essayait de se couper en quatre. Shirley l'appelait en pleurs au beau milieu de la nuit. Roy réclamait de plus en plus sa présence à ses côtés. Alfred se plaignait de problèmes d'argent récurrents. Ralph lui écrivait de longues lettres métaphysiques. J'essayais, quant à moi, de lui épargner mes sordides histoires sentimentales — des histoires de femmes mariées, de promesses illusoires, de volte-face foudroyantes —, mais elle savait exactement comment me tirer les vers du nez. Rien ne lui échappait, et elle ne tenait pas à ce que ça arrive un jour.

En août 1965, je suis allée passer deux semaines à Beverly Hills. Le soir de mon arrivée, ma mère est rentrée à onze heures avec un jeune Noir du nom de Clarence Russel, qui ne devait pas avoir plus de vingt ans et qu'elle avait recueilli le visage en sang aux abords d'Inglewood. Clarence, nous a-t-elle expliqué tranquillement à Roy et à moi tandis que le jeune homme montait prendre une douche, avait été entraîné dans les émeutes de Watts[1] qui, selon la télévision, avaient déjà fait plusieurs morts au sud de la ville. Il avait été pris en chasse par des hommes de la Garde nationale avant que ma mère, devant qui il avait surgi inopinément, ne lui ouvre sa portière pour l'aider à prendre la fuite. Roy n'a pas émis le moindre commentaire. Il s'est simplement levé pour se servir un whisky. "Bon, a déclaré ma mère en se

---

1. *Le 11 août 1965, à Los Angeles, le quartier de Watts — où résident des Afro-Américains — s'embrase, suite à l'arrestation abusive d'une famille noire. Les émeutes durent six jours.*

L. A.   August 22, 1965

My dear snowy-haired big brother,

I do not know what my draikop Roy told you
about the young man who stayed here for a few
days but I am quite frankly certain that most of it,
if not all, is rubbish. As far as I'm concerned,
your veiled reproofs are unfounded. Forget what television
and newspapers may have reported about the Watts riots,
David Mendelson: I acted in full conscience,
without trying to find out who was right, or whether
'being right' could turn out to be of any use whatsoever.
I wanted to write this to you in black and white,
certainly not to ease my conscience but to remind you
that we would have been glad, all of us, to have had
strangers in the Carpathians stop to give us a hand,
a biseleh.

Leah.

LETTRE DE LEAH À DAVID. *L.A., le 22 août 1965.*
Mon cher grand frère aux cheveux de neige, J'ignore ce que mon draikop[1]
de Roy t'a raconté au sujet du jeune homme qui est resté ici quelques
jours mais en vérité, je suis sûre que tout ou presque est faux.
Tes remontrances voilées sont à mes yeux sans objet. Oublie ce que
la télévision ou les journaux ont pu te raconter au sujet des émeutes
de Watts, David Mendelson : j'ai agi en mon âme et conscience, sans
chercher à savoir qui avait raison ni même si « avoir raison » pouvait
se révéler d'une quelconque utilité. Je voulais t'écrire cela noir sur blanc,
non pour me donner bonne conscience mais pour te rappeler que nous
aurions aimé, nous aussi, que des inconnus s'arrêtent dans les Carpates
et nous tendent la main, a biseleh[2]. Leah

---

1. « Écervelé »
2. « Un tout petit peu »

46

dirigeant vers les escaliers, ce qui est fait est fait, arrêtez de me regarder comme ça tous les deux. Je vais voir si je peux trouver des vêtements propres à ce garçon. " Clarence est resté six jours à la maison. Il n'y avait pas à discuter. Ma mère l'a inscrit à des cours du soir et l'a aidé à trouver un travail de gardien de parking, ainsi qu'un studio à Anaheim. Clarence la considérait avec une stupeur respectueuse. Quand il est enfin parti, Roy a fait mine de taper du poing sur la table. "Mais voyons, tu es folle ? Tu sais que tu risques la prison ?" Cinq minutes plus tôt, la télé avait annoncé 34 morts et près de 4 000 arrestations. Ma mère a ricané. "C'est tout ce que tu trouves à m'opposer, Roy Langson ? La prison, à mon âge ? Et pour quel crime ? Nar ainer[1] ! J'ai seulement aidé un jeune homme blessé à reprendre goût à l'existence et à ne pas trop détester l'Amérique." Pendant des années, Clarence lui a fait envoyer des fleurs pour son anniversaire. Puis il est parti pour Chicago. Ma mère était ainsi : fidèle à ses convictions et à ses origines.

Au quinzième jour de mon voyage, j'ai appelé un taxi pour l'aéroport. Roy était parti à Berkeley. J'ai pris ma mère dans mes bras et je l'ai serrée très fort. Puis je lui ai souri. Elle s'est débattue mollement. "Mais enfin, qu'est-ce qui te prend ?" Elle était ainsi : un mélange inimitable de force et de pudeur. »

---

1. « Fou que tu es ! »

Broyé, sauvé, en vie

De tous les conflits du XXe siècle, la guerre du Vietnam est, aux États-Unis, celui qui aura généré le corpus fictionnel le plus abondant, notamment au cinéma. *Apocalypse Now*, *Platoon*, *Full Metal Jacket*, *Voyage au bout de l'enfer* – tous ces chefs-d'œuvre auront à leur façon témoigné de la catastrophe. Il se singularise également par une couverture médiatique sans précédent. Pour la première fois, les Américains peuvent suivre les événements à la radio et à la télévision : c'est d'ailleurs, sans doute, ce qui les incite à se battre pour obtenir sa fin.

Trente ans plus tard, Ralph tente rétrospectivement de justifier son choix par le besoin de témoigner. Lorsque l'on creuse sous la surface, cependant, on découvre bien vite –

et l'intéressé finira par l'admettre — que la nécessité de
« rendre compte » n'était pas, loin s'en faut, l'unique raison de son départ. *« J'ai fait l'économie d'une analyse de vingt
ans, souligne-t-il avec une pointe de malice*[1]*. J'en avais
commencé une pour, disons, faire la paix avec moi-même. Mais
après quelques semaines, j'en ai eu assez. Au diable la paix ! Il
me fallait agir, plonger au cœur du conflit, même — et surtout,
peut-être — au prix de ma propre sauvegarde. Bon, vous n'êtes pas
obligé de répéter tout ça à mon épouse, hein. »*

Mais Ralph Mendelson sait bien que sa femme lira ces
lignes, et il sait bien qu'elle a percé depuis longtemps le
secret de son impulsion. *« Le problème était plus profond, me
dit-elle, il réclamait des solutions extrêmes. »*

On prétend parfois que c'est au cœur de la guerre, en
côtoyant la mort, que l'homme peut se trouver lui-même.
Ralph savait ce qu'il cherchait en s'enfonçant dans la
jungle.

❧

La guerre du Vietnam est considérée comme la première
défaite militaire de l'Histoire des États-Unis. Le bilan, du
côté des forces armées américaines, est estimé à 58 217 soldats tués et 303 635 blessés pour un total de 8 744 000 militaires ayant participé à un moment ou à un autre à ce conflit.
Le propos de ce chapitre n'est pas d'offrir un cours sur la
guerre : un livre entier n'y suffirait pas. Ce qui nous intéresse ici, c'est Ralph, et lui seul. Une rapide présentation
du contexte n'en demeure pas moins indispensable.

---

1. *Joan, par la suite, est devenue analyste.*

La guerre du Vietnam (également appelée deuxième guerre d'Indochine) est un conflit ayant opposé, de 1959 à 1975, la République démocratique du Vietnam (ou Nord-Vietnam) et son armée populaire vietnamienne (appuyée matériellement par le bloc de l'Est, la Chine et le Front national pour la libération du Vietnam, ou Viêt-cong) à la République du Vietnam (ou Sud-Vietnam), militairement soutenue par l'armée des États-Unis à partir de 1964. Il prend ses racines dans la première guerre d'Indochine.

Après l'échec de la France pour reconquérir l'Indochine suite à la victoire du Viêt-minh à la bataille de Diên Biên Phu le 7 mai 1954, les accords de Genève divisèrent le pays en deux par une zone démilitarisée installée au niveau du 17ᵉ parallèle. Les deux parties du Vietnam connurent alors la mise en place de gouvernements idéologiquement opposés : au nord, la République démocratique du Vietnam (RDVN), régime communiste fondé par Hô Chi Minh en septembre 1945 ; au sud, la République du Vietnam (RVN), régime nationaliste soutenu par les Américains et proclamé par Ngô Dinh Diêm en août 1955 suite à un coup d'État contre le dernier empereur, déguisé en référendum.

Ngô Dinh Diêm et ses alliés s'étant opposés à la tenue des élections de réunification initialement prévues au plus tard pour l'été 1956 par les accords de Genève, la guerre du Vietnam débuta à l'instigation des dirigeants de la RDVN sous la forme d'une guerre civile censée réunifier tout le pays sous son régime et, selon elle, le libérer d'une agression étrangère impérialiste. Les États-Unis, pour leur part, inscrivirent le conflit dans une logique de guerre froide en s'appuyant sur une stratégie anticommuniste : l'expansion du communisme, de leur point de vue, devait être stoppée au plus vite afin d'empêcher un « effet domino » en Asie du Sud-Est.

En 1960, 57 bases américaines avaient déjà été établies et plus de 2 000 opérations de « ratissage » effectuées par les troupes de Diêm, conduites par des officiers américains. Le 20 décembre 1960, le Front national pour la libération du Vietnam (FNL) fut créé au sud.

Un mois plus tard, le président Kennedy débuta son mandat et confirma l'interventionnisme américain en portant à 15 000 hommes le nombre des conseillers militaires – terme diplomatique pour désigner des soldats encadrant l'armée de Diêm. Dans le même temps, cette armée vit son effectif passer de 170 000 à 270 000 hommes.

JOURNAL INTIME DE DAVID. 12 MAI 1961. *400 soldats des Forces spéciales, 100 Bérets verts supplémentaires censés entraîner les 320 000 Sud-vietnamiens qui se battent, nous explique-t-on, pour juguler la menace communiste : c'est à la fois beaucoup trop et bien trop peu. Quelque chose me dit que nous ne sortirons pas indemnes de ce bourbier.*

May 12, 1961

400 soldiers in the special forces, 100 additional green berets are supposed to train the 320 000 South-Vietnamese fighters, we are told, to repress the communist threat. It's altogether too much and far too little. Something tells me that we won't come out of this mess unscathed.

En janvier 1963, la bataille d'Ap Bac, engagement militaire mineur entre le FNL et l'armée de la RVN, connut des répercussions inédites : pour la première fois, on y dénombrait des pertes parmi les forces américaines épaulant cette dernière. Le 12 février, les premières pressions américaines pour la liberté de l'information se firent sentir. Le 1er novembre, le dictateur Diêm, impopulaire, subit un coup d'État militaire autorisé par les Américains : il fut tué le 2 novembre, suite à quoi une junte militaire fut mise en place avec à sa tête le général Duong Van Minh. Ce même mois, on comptait 16 000 conseillers militaires.

Le président Kennedy, désirant inaugurer la détente avec Moscou, ordonna le retrait de 1 000 d'entre eux avant Noël 1963 et de la totalité avant la fin de 1965. Le 22 novembre 1963, hélas, il était assassiné à Dallas. Élu à sa suite, Lyndon Johnson annulait le retrait des troupes, augmentait le contingent et demandait l'aide de plusieurs de ses alliés, motivant cette implication grandissante par la menace constituée à ses yeux par l'élargissement de l'influence communiste.

Le 30 janvier 1964, un nouveau coup d'État secoua la région sud. Minh restait le chef officiel mais le pouvoir réel passait aux mains du général Nguyên Khanh. Durant le reste de l'année 1964, cinq autres coups d'État ou tentatives se déroulèrent au Sud, et sept gouvernements s'y succédèrent. Le 6 février 1965, 300 Viêt-cong attaquèrent le camp Holloway, à Pleiku, causant la mort de huit Américains. En février, le général Khanh était écarté. Le 10 février, les Viêt-cong attaquèrent Qui Nhon, provoquant la mort de 21 Américains. Deux batteries de missiles sol-air furent installés sur la base de Da Nang, très proche de la frontière de la RDVN.

Lyndon Johnson franchit une nouvelle étape le 13 du même mois en ordonnant des raids aériens plus massifs sur le Nord (opération *Rolling Thunder*). Cette opération durera 38 mois, pour un demi-million de tonnes de bombes déversées. Le 7 mars, Johnson ordonna le déploiement terrestre d'une brigade de 3 500 marines en vue de protéger la base de Da Nang. Deux jours plus tard, il autorisait l'usage du napalm.

En avril 1965, la RDVN décréta la mobilisation générale et décida de faire intervenir des unités régulières de l'armée populaire vietnamienne au Sud. La guerre battait désormais son plein.

Fin décembre 1965, peu de temps avant la première arrivée de Ralph, les effectifs américains s'élevaient déjà à 185 000 hommes.

❧

« J'ai noirci plusieurs carnets à propos de cette guerre, explique le fils de David lors d'un entretien-fleuve conduit en mars 1999. Ils ne se trouvent pas dans la malle au trésor : je les ai gardés chez moi, et seule Joan les a lus jusqu'à aujourd'hui. Mais je vais vous les confier. Je suppose que je n'en avais pas terminé avec mes ambitions de romancier à l'époque. (Il soupire.) Bah, en vérité, je ne songeais nullement à publier ces notes. Vraiment, j'écrivais pour moi avant tout. Bien sûr, j'ai pris des centaines de photos —l'agence ne me payait pas pour rien, après tout ; elle avait financé mes voyages avec la bénédiction de mon père—, mais quelle importance ? J'étais là, avec ces hommes, ces très jeunes hommes, des gamins parfois, et voilà ce qui comptait. Vous allez

*sans doute sourire mais, pour la première fois de ma vie, j'ai
compris ce que signifiait "être américain". J'ai compris beaucoup
d'autres choses aussi : ce qu'avait vécu mon frère, ce que la
peur faisait de nos vies, et comment elle pouvait devenir une
drogue. La banalité de la mort, la terreur de la vie... Écrire,
écrire encore, et surtout, parler avec Joan à mon retour, parler,
défricher, détailler : c'est peut-être ce qui m'a sauvé la vie. Ça et
mes enfants, par la suite, et mon frère, et mon père, et ma cousine. On ne parlait plus vraiment de Juifs, au Vietnam — après
un temps, on ne parlait même plus de bons ou de méchants. Il
y avait la boue, il y avait les bombes, tuer avant d'être tué, et les
copains au premier rang, qui marchaient à vos côtés et riaient
pour ne pas devenir fous. »*

Une rue de Saigon, pendant la guerre (cliché de Ralph Mendelson, non daté).

Ralph Mendelson a passé deux mois à préparer son voyage : deux mois de contacts avec l'armée, de décharges signées, d'autorisations conquises de haute lutte. Dans son esprit, le photographe (c'est ainsi qu'il se définit alors) ne va rester que quelques semaines au Vietnam. Lorsqu'il arrive à Saigon, en décembre 1965, la surprise est de taille.

« *Je devais rencontrer un lieutenant-colonel qui ne s'est finalement jamais présenté, raconte-t-il. Il me fallait patienter. Je m'étais attendu à tout, sauf à l'ennui. Les hôtels ne coûtaient rien, les restaurants encore moins. Je me suis mis à errer telle une âme en peine. Je prenais des photos de soldats. La plupart des boys se morfondaient. En janvier enfin, on est venu me chercher. Une opération se préparait, avec deux brigades de la 1re division d'infanterie. Les bois de Ho Bo, à 12 miles au nord de Cu Chi dans la province de Binh Duong, étaient censés abriter un quartier général du Viêt-cong — celui qui contrôlait toutes les activités militaires autour de Saigon, si j'ai bien compris. 8 000 soldats étaient mobilisés : c'était l'une de ces opérations* Search & Destroy *sauvages, avec un premier assaut mené par la 173e brigade aéroportée au nord et à l'ouest, et un second par la 3e brigade d'infanterie au sud. Les B52 ont commencé les bombardements le 8 janvier 1966 au matin. Les hélicoptères se sont rapidement déployés. Je me trouvais dans l'un d'eux, en compagnie de soldats australiens âgés de vingt ans en moyenne. Est-ce que je dois raconter ?* »

Je hoche la tête. Je ne tiens pas à tout savoir, et les détails techniques ne passionnent que modérément nos lecteurs. Ce que je veux connaître, ce sont ses impressions. « Comment était-ce, au Vietnam ? »

Ralph se gratte la tête. « *Je n'étais pas un soldat. J'étais un pauvre idiot transi de frayeur paumé au milieu de l'enfer.*

Quiconque s'intéresse un peu à cette guerre a entendu parler des tunnels de Cu Chi. Alors voilà : j'accompagnais mon bataillon ventre à terre. Nous étions arrivés dans une portion de la jungle complètement déserte. Les Viêt-cong avaient dû être prévenus de notre passage. Nous nous sommes retranchés dans un périmètre protégé. Il y a eu une attaque nocturne. Pas une surprise, hein. Le froid, la boue. Une sentinelle a ouvert le feu à la mitrailleuse. Tout le monde hurlait. Des silhouettes ont disparu dans l'ombre. Les balles fusaient tout autour de moi. L'ennemi rôdait, amalgamé aux ténèbres, impossible à détecter. Il était clair que ces salopards —vous voyez, je parle comme un marine, bon sang— il était clair que les Viêt-cong utilisaient des tunnels que nous ne connaissions pas. L'aube a paru enfin, une aurore poisseuse à vous glacer les os. J'étais déjà bien à cran. Je suis allé parler au major. Il fumait comme un pompier. "Ces enfoirés sont juste sous nos pieds. Terrés comme des lapins." La D-Company comptait ses morts, et les échanges de coups de feu continuaient ici et là. Les nôtres ripostaient à la grenade pour ne pas trahir leurs positions. Nous sommes entrés dans les tunnels. D'abord un labyrinthe de bunkers, de pièges, de mines. Et puis les snipers embusqués. Ils nous attendaient. Nous savions qu'ils nous attendaient. Les Américains ont commencé par balancer des explosifs et des gaz irritants. Les ingénieurs australiens, eux, cartographiaient le réseau à toute allure. Pression constante. Je suis resté avec le médecin de la compagnie. Il y a eu des accidents. J'ai vu mes premiers morts de près. Des gamins suppliants. "Je ne veux pas crever. Je ne veux pas crever, s'il vous plaît, oh !" Mais nous progressions. Les Américains avaient trouvé des documents, des milliers de pages avec des noms d'agents infiltrés à Saigon et le détail d'opérations futures. C'était un succès.

Un succès de sang et de gaz et de boue et de dents cassées et de pantalons de treillis mouillés d'urine et maculés de cervelle. Il y avait de la bouffe dans les tunnels. Des armes, du matériel médical, des munitions. Le 10 janvier (je n'ai su la date que bien plus tard : en quarante-huit heures, j'avais déjà perdu la notion du temps, et l'enchevêtrement des jours et des nuits était devenu un labyrinthe à part entière), une jonction a été opérée avec la 3ᵉ brigade d'infanterie. Informations échangées. Embuscades encore. Fuites à travers la la jungle. Des ordres, des cris. Trente ennemis capturés. Deux adolescents se sont suicidés sous mes yeux, une balle dans la tempe, sans hésiter. Un Australien est tombé dans un piège : un pieu s'est enfoncé dans son flanc. Ses pleurs ressemblaient à des aboiements. Les hélicoptères bourdonnaient au-dessus de la jungle. Nous étions harassés, ébahis, à bout de nerfs. Après un moment, je me suis retrouvé à court de pellicules. De toute façon, la plupart de mes clichés étaient ratés. J'étais un piètre photographe et un soldat pire encore, moi qui n'avais jamais fait mon service militaire. Un type m'a pris sous sa protection. Les autres l'appelaient Souris : c'était, je crois, un Malgache. Rusé comme un singe. Que faisait-il là ? Mystère. Je l'ai suivi dans un tunnel. Un Viêt-cong a surgi et s'est effondré avant d'avoir eu le temps de donner l'alerte. Là-haut, ceux de la 3ᵉ prenaient des bunkers d'assaut. Les grenades pleuvaient. L'engagement était total désormais. Souris avançait, un index posé sur les lèvres. Les tunnels formaient un réseau de 120 miles : cela aussi, je ne l'ai su que bien plus tard. Nous n'en avions exploré qu'une maigre portion. Je n'ai jamais bien compris pourquoi l'ordre de retrait avait été donné. Typique des présupposés présomptueux de l'état-major, voilà ce que me révéla Souris en substance : notre plus grand ennemi, c'était nous-mêmes.

*Le 14 janvier, retour au bercail. Par paliers. Si l'on faisait abs-
traction de deux énormes hématomes à la cuisse, j'étais indemne.
Je n'ai même pas eu le temps de dire au revoir aux Australiens.
Dans leur vie, je ne faisais que passer. L'un d'eux rêvait d'une
ferme au cœur du bush. Il est mort deux semaines plus tard en
sautant sur une mine.* »

Eyes sharper than life itself, an almost
imperceptible strip of mustache, a name
we all refuse to pronounce: we call him
"Mouse", the one who dodges the bullets, an
animal-like man nothing affects or stops,
neither time, nor grief, nor shards of
Shrapnel.

CARNET DE RALPH. NON DATÉ. *Des yeux plus vifs que la vie elle-même,
un liseré de moustache quasi imperceptible, un nom que nous nous
refusons, collectivement, à prononcer : nous l'appelons « Souris »,
celui qui slalome entre les balles, l'homme animal que rien ne touche
ou n'arrête, ni le temps, ni la tristesse, ni les éclats de Shrapnel.*

Le 15 mai 1966, Ralph est de retour à New York. Dans les
semaines qui suivent, *M. & Sons* revend une vingtaine de
ses clichés à divers journaux et magazines. Épuisé, il part
se retrancher dans la maison de Greenwich, où le rejoint
parfois Joan.

« *Il ne disait rien, raconte cette dernière. Peu avant l'aube,
il partait vers les marais et ne revenait parfois que le soir. Il avait*

perdu du poids. Il souriait bêtement. Il ne se fendait même pas du couplet habituel : "J'ai vu des choses qu'aucun homme ne devrait avoir vues." Mais je savais que c'était le cas. Et je savais qu'on pouvait être intoxiqué à la guerre, même Walter m'avait mise en garde. Le Vietnam sécrétait un poison pervers. À sa façon, Ralph était devenu un soldat. L'amitié face à la mort : qu'est-ce qui pouvait compter plus que ça ? Zigzaguer dans la jungle pour sauver un copain blessé, risquer sa vie pour gagner trois yards, prendre une balle à la place d'un autre... En mars, il était arrivé à Lo Ke avec la 3ᵉ brigade. Il y avait eu une embuscade. Deux jours plus tard, le 173ᵉ aéroporté s'en était mêlé, appuyé par des bombardiers et des tirs d'artillerie. Ralph avait vu mourir une vingtaine de ses compagnons. Il avait perdu un appareil photo dans la boue en essayant de porter assistance à l'un d'eux. Il était en train, prétendait-il, de devenir un adulte : "témoigner" et "agir" réunis sous une seule bannière. Qu'est-ce que vous croyez que je pensais ? Il y avait eu l'opération Birmingham au nord de Saigon. Cinq mille hommes déployés pour cent victimes ennemies. Les Viêt-cong se jouaient d'eux. Ralph riait souvent en y repensant. Oh, ce rire ! Il était persuadé que la guerre allait être perdue. "Il faut que les femmes et les mères de ce pays sachent ce qui se passe là-bas." Je posais ma main sur la sienne. Il était si... absent. "Moi, disais-je, je pourrais être ta femme. Et je pourrais aussi être la mère de tes enfants, tu te souviens ?"

Pendant quelques mois, à New York, il a repris du service chez M. & Sons. Un sourire maudit flottait sur ses lèvres. Il avait cette façon étrange de répéter "tout va bien" chaque fois qu'on lui posait la question. La nuit, il se réveillait tranquillement et s'asseyait au bord du lit. "Pourquoi est-ce que je ne fais pas de cauchemars ?" Seulement des rêves, disait-il. Des rêves de plage

*et de jeunes femmes mortes et de tempêtes. Nous prenions note :
les personnages, les intrigues. Plus tard, j'ai tout brûlé à sa
demande. C'était trop… bizarre. Trop effrayant. Mais quand il
est reparti, en décembre de cette même année, je ne peux pas pré-
tendre que j'ai été surprise. »*

⚶

Le problème des carnets de Ralph Mendelson, c'est
qu'ils ne comportent aucune date. Avec perplexité, leur
auteur parcourt les pages que je lui montre et, plissant le
front, essaie de rassembler ses souvenirs.

*« Ça, déclare-t-il en pointant de l'index un premier para-
graphe, c'est l'opération Cedar Falls, aucun doute. J'avais
demandé à participer aux manœuvres de grande envergure :
j'ai été servi. L'idée était de repousser les Viêt-cong loin de Saigon
à l'extérieur d'une zone baptisée Triangle de Fer et de détruire
les villages où ils établissaient leurs bases, quitte à reloger les
habitants ailleurs. Par "détruire", je veux dire brûler, bien sûr.
Le napalm et le reste. Lors de ma première venue, je n'avais été
confronté qu'à des manœuvres purement militaires. Cette fois,
j'ai compris ce qui se passait vraiment au Vietnam, jusqu'où
nos chefs étaient prêts à aller pour gagner la guerre. À leur
décharge, ils n'avaient vraiment pas le choix. Leur plus grosse
erreur, en premier lieu, a sans doute été de croire que la victoire
était possible. D'un point de vue très prosaïque, la seule façon
de vaincre définitivement l'ennemi aurait été de lâcher deux ou
trois bombes atomiques sur le pays. Je ne dis pas que c'est ce qui
aurait dû être fait, Dieu m'en préserve ! Mais j'affirme que toute
autre solution était par nature vouée à l'échec. Les Viêt-cong*

voulaient gagner cette guerre plus que nous, voilà la vérité. Un homme était tué, deux autres prenaient sa place. Nos boys désiraient juste rentrer chez eux vivants et retrouver leur petite amie. À cet égard, l'opération Cedar Falls *m'a ouvert les yeux : une victoire pour l'état-major, et quoi d'autre ? Les Viêt-cong sont*

Un Lockheed de l'armée américaine largue du matériel
destiné à des troupes terrestres, aux abords du Triangle de Fer
(cliché de Ralph Mendelson, non daté).

revenus. Qui l'aurait cru ? Trente mille soldats sur le front. L'état-major avait décidé d'appliquer la tactique dite de l'enclume et du marteau ; les troupes sud-vietnamiennes étaient censées prendre en charge la déportation des civils. Les premiers jours ont été consacrés au placement des unités. Après ça, nos troupes se sont enfoncées dans la forêt, coupant le territoire en deux. J'étais à Ben Suc quand le village a été évacué. Sur quoi j'ai rejoint une unité de la 2ᵉ brigade de la 1ʳᵉ division d'infanterie. » Il tapote le carnet du doigt. « Ce journal parle essentiellement de ça. »

Et je me tiens là avec tout ce bordel, les canifs, les pastilles antiméthane, les cigarettes, les pilules de sel, les briquets, les rations de type C, les ouvre-boîtes P-38, les paquets de Kool-Aid, les nécessaires à couture, les fiches de paie en liasse et les gourdes des autres, tout ce bordel empilé dans des sacs, des pyramides de sacs parce que, disent-ils, je ne vais pas aimer venir avec eux, et parce que, ajoutent-ils, ordres du lieutenant, ce n'est pas une opération hostile mais les villageois ne seraient pas très heureux, en plus d'être traînés par les cheveux hors de leurs misérables cahutes, d'être pris en photo par un connard de New York dans mon genre : du moins, c'est ce dont j'essaie de me convaincre, ici à Ben Suc où les manœuvres de déportation s'achèvent tandis que, déjà, les premiers bulldozers et les premières pelleteuses se mettent en position, prêtes à arracher les maisons et les puits et les arbres et les écoles et tout ce qui a jamais permis à cet endroit d'exister et de mériter, aux yeux de ces pauvres gens aux traits tirés et aux regards de chiens condamnés, le joli nom de « village ».

[...]

Mais ensuite, dans la forêt : rien. Parce que quelqu'un les a prévenus. Parce que le sol est truffé de tunnels. Parce que la jungle est un mystère, que des gens disparaissent ici en un clin d'œil et que leurs corps ne sont jamais retrouvés. « C'est vrai, affirme Norman, l'officier de transmission radio en me tendant une tablette de chewing-gum, à partir d'un certain moment, tu comprends qu'il n'y a rien à comprendre au Vietnam, que l'impossible peut et doit survenir, que tout ce que tu dois faire, c'est garder un œil sur un copain et t'assurer qu'un copain garde bien un œil sur toi. »

Ce sont : des marches nocturnes sans but sous les frondaisons dégoulinantes, les ponchos ruisselant de pluie noire, la courroie du casque cassée, les photos des petites amies délavées, très symboliquement délavées, les doigts serrés sur la crosse du M-60, ou du M-16, ou du M-19, le meilleur pote éternel de l'honnête homme du Kansas élevé au doux lait maternel. Ce sont : les mines anti personnel, les grenades fumigènes, les grenades à fragmentation, du plastic de type C-4, des coups-de-poing américains, tout ce que nous pouvons trouver au marché noir quand l'ennui nous prépare secrètement à la peur, ce sont les corridors incompréhensibles, les tirages au sort absurdes, le hasard aveugle et joyeux, les légendes inextricables de la forêt plus profonde encore.

Un homme meurt en allant pisser, une balle en pleine tête. Un homme meurt après avoir sorti une blague cochonne parce qu'il a posé un orteil là où il ne fallait pas. Un homme meurt en s'enfonçant dans un lac de boue sans que personne ne puisse lui venir en aide parce que s'avancer, c'est mourir, et à quoi servirait une mort de plus ? Un enfant disparaît. Il hurle quelque chose et agite les mains mais en face : dix-neuf ans, la panique, coupable, coupable, les ordres contradictoires en rafales, et l'enfant se réduit à un jeune corps fauché qui tombe au ralenti parmi les âcres vapeurs de la terre.

À l'opération *Cedar Falls* succède l'opération *Junction City*. « Même chanson, assure Ralph en allumant une cigarette.

Au bout d'un moment, vous en venez à considérer tout ça comme un chaos indéchiffrable. On vous envoie ici, on vous envoie ailleurs, quelle différence ? Je faisais partie de l'armée, maintenant. J'étais un soldat presque comme les autres, on avait oublié que je n'en étais pas un. On m'avait confié un AK-47 récupéré sur l'ennemi et je me demandais souvent ce que je faisais là et tout ce que je comprenais, c'est que je ne pouvais pas être ailleurs. Quelques hommes sont tombés, victimes de tireurs isolés. Mais de notre côté, nous avons tué plusieurs centaines de Viêtcong. L'état-major se frottait les mains. C'était un succès retentissant. C'était une étape décisive. Pour nous cependant, qui marchions de nuit et dont les bottes s'enfonçaient dans la fange, pour nous qui commencions, imperceptiblement, à ne plus faire qu'un avec la jungle et ses dangers, il n'était pas question de progression réelle : seulement d'une lente reptation vers le vide, vous voyez ? »

Je lui dis que je vois.

Quelques semaines plus tard : New York encore. Contre la guerre, la jeunesse américaine se mobilise. Le fils de David ne se mêle pas à la foule.

« Aller dans la jungle, c'était se couper du reste du monde. Même si vous ne portiez pas l'uniforme. Les émeutes raciales de Detroit ? Mon père aurait aimé que je les couvre, mais rien à faire. Je lui ai conseillé de s'adresser à Walter. C'est l'époque où j'ai commencé à me battre dans les bars, sous des prétextes divers. C'est le moment où mes disputes avec Joan ont commencé à prendre des proportions proprement homériques. Rien n'allait plus. À San Francisco, on parlait de l'Été de l'amour. Je crois que j'ai recraché mon café le jour où j'ai entendu cette formule à la radio

July 25, 1967

Racial riots in Detroit : the newspapers report
dozens dead and hundreds wounded. The public
authorities could request the support of
Federal troops. Chaos reigns over this country.
Ralph, who is back, very pale and furious,
says it isn't his problem, that he hasn't come
back from Vietnam to be killed in America, that
I could easily send his brother instead (!).
Painfull sessions of specious reasonning including
terms such as "fascist", "weakness", and
"despair"_

JOURNAL INTIME DE DAVID. 25 JUILLET 1967. *Émeutes raciales à Detroit :
les journaux évoquent plusieurs dizaines de morts et des centaines
de blessés. Les pouvoirs publics pourraient en appeler à l'armée fédérale.
Le chaos s'est emparé de ce pays. Ralph, de retour, exsangue et furieux,
déclare que ce n'est pas son problème, qu'il n'est pas rentré du Vietnam
pour se faire tuer en Amérique, que je peux bien envoyer son frère
à sa place (!). Pénibles séances d'argumentation spécieuse incluant
l'emploi des mots « fasciste », « faiblesse » et « désespoir ».*

pour la première fois. Ensuite, je crois que j'ai pleuré. De plus en plus fréquemment, je me réfugiais dans la maison de Greenwich, seul, en pleine semaine, avec les oiseaux et le silence des étangs pour unique compagnie. Johnson envoyait des dizaines de milliers de gars de l'autre côté de l'océan. Est-ce que c'était mal ? Mes photos se vendaient de mieux en mieux. Mon père posait une main sur mon épaule. "Tu n'es pas obligé de faire ça." Mais comment l'aider à comprendre ? J'avais cessé de parler. Autant creuser un trou dans la pierre. Le 8 décembre, il y a eu une manifestation à New York. Debout sur le trottoir, je suis resté à regarder passer Allen Ginsberg[1] et les autres. Et quand les flics ont chargé, vous savez quoi ? J'ai tourné les talons. »

❦

Janvier 1968 : Ralph, de nouveau, pose son sac à Saigon. À Khe Sanh, au nord-ouest du Sud-Vietnam, il assiste à une offensive ennemie d'une intensité inédite. Dix-huit marines sont tués en quelques minutes, quarante autres blessés, les combats se poursuivent pendant deux jours. Tirs de mortier, barrages de fusées explosives, attaque d'un dépôt de munitions : la base américaine sombre dans la confusion.

Ralph se souvient : « *Une division entière nous était tombée dessus. Les bombes semblaient pleuvoir des nuages. La nuit se muait en enfer. Tout était noir et brouillé. La plaine était en feu. Tonnerre, éclats d'obus. Il ne nous restait que deux choses à faire : attendre et essayer de ne pas mourir. De nombreux boys se sont arrêtés à la première. Âge moyen des victimes ? Vingt-deux*

---

1. *Poète américain, membre fondateur de la* Beat generation.

ans. J'ai vu ce jeune fermier au visage arraché : il cherchait ses dents, ses yeux, ses oreilles. La seconde d'après, l'un de ses amis a fait un bond et a tournoyé comme une toupie. C'étaient des visions infernales, qui nous rendaient cinglés, présents au monde d'une manière atroce et interdite. Les renforts ont mis six jours à arriver. »

Le 30 janvier 1968 débute l'offensive du Têt : une campagne menée par les Viêt-cong et l'Armée populaire vietnamienne pour dévier la pression militaire exercée sur les campagnes vers les villes sud-vietnamiennes et, accessoirement, démontrer que les déclarations américaines, selon lesquelles la situation s'améliore, sont fausses.

Le 31 janvier, 80 000 soldats communistes attaquent plus de cent villes à travers le pays ; c'est, à ce point de la guerre, la plus grande opération militaire jamais entreprise. Les offensives prennent d'abord les alliés par surprise. Très vite cependant, elles sont contenues puis repoussées, et le FNL se voit infliger des pertes énormes.

À Saigon, où vient de rentrer Ralph, les communistes ne cherchent pas une conquête complète. Ils se concentrent sur des cibles stratégiques : les quartiers généraux du commandement de l'armée de la RVN, le palais de l'Indépendance, l'ambassade américaine, la station de radio nationale. Le plan requiert des forces initiales qu'elles tiennent leur position quarante-huit heures avant d'être relevées. Mais un renseignement de mauvaise qualité et une coordination locale déficiente compromettent les offensives dès leur déclenchement. À 2 h 45, l'ambassade américaine est attaquée par une équipe de sapeurs de dix-neuf hommes qui fait exploser l'enceinte avant de donner la charge. Leur officier ayant été tué et leur tentative d'accéder au bâtiment ayant échoué, les sapeurs errent ensuite autour du bâtiment jusqu'à ce que des renforts les éliminent. À 9 h 20, l'ambassade et ses environs sont sécurisés.

À travers la ville, de petits groupes du FLN s'éparpillent alors pour attaquer les officiers, les casernes de conscrits, les logements de l'armée de la RVN et les stations de police des districts. Dotés de « listes noires » où figurent nombre d'officiers militaires et de fonctionnaires, ils exécutent tous ceux qu'ils parviennent à trouver. La brutalité engendrant la brutalité, le général Nguyên Ngoc Loan, chef de la force de police nationale, exécute publiquement un officier du FLN capturé en habits civils. Nous sommes le 1ᵉʳ février, et Ralph assiste à la scène, horrifié.

Le soir même, il est pris dans le feu d'une fusillade et, blessé à la cuisse gauche, il est conduit dans un hôpital militaire où il restera trois mois pour cause de complications sévères —une septicémie le tenant plusieurs jours entre la vie et la mort.

« Je faisais des cauchemars épouvantables, raconte-t-il. Je revivais tout ce qui m'était arrivé, et mon imagination fiévreuse recomposait les scènes les plus marquantes en leur adjoignant des détails atroces et parfaitement imaginaires. Les esprits de la forêt dansaient autour de mon crâne. Plus tard, bien plus tard, j'ai compris qu'ils étaient là pour me purger de toute cette horreur. Un officier me faisait fumer des joints, il prétendait que la douleur allait disparaître. C'était la première fois de ma vie que je m'adonnais à l'herbe. J'aime autant vous dire que ça n'a rien arrangé. »

Au final, et bien que l'offensive des Viêt-cong se soit soldée par un désastre militaire, on peut affirmer qu'elle choqua considérablement l'opinion américaine, tenue dans la croyance que les Nord-Vietnamiens étaient tout à fait incapables d'un tel assaut ; elle affecta également en profondeur l'Administration de Lyndon Johnson, au sein de laquelle de nombreuses personnalités se positionnèrent contre la guerre, en altérant son cours de façon décisive.

Les pages des carnets de Ralph, rédigées à l'hôpital, se résument à l'époque à une succession de visions hallucinées.

Avec les Marines : brève période d'accalmie durant l'offensive de Khe Sanh, fin janvier 1968 (cliché de Ralph Mendelson, non daté).

Hymnes à Bouddha sur les crêtes enflammées. La brume est si dense que je ne vois plus mes mains. De la musique, là-haut dans les montagnes. Un jeune homme au visage balafré jongle avec des grenades en exhibant ses gencives saignantes. Est-ce un sourire ? Le soleil est mort. Chevauche le serpent[1]. Le fleuve trop large se teinte de reflets rosâtres : c'est le vide qui progresse, le sang souillé de la guerre. Les cimes des arbres explosent, soudain, et le napalm embrase la nuit. Des adolescents tirent sur un chien qui refuse de mourir et tressaute en piaillant. Meurs. Meurs ! Les salves d'obus crépitent sur la plaine. Les rafales, le phosphore, l'éclat rouge des roquettes : je prends tout, j'accepte tout en moi, à commencer par l'horizon, à commencer par la fin.

Épuisé, à bout de nerfs, Ralph rejoint New York à la fin du mois de mai. La France s'embrase, paraît-il. Et alors ?

Un soir, Joan menace de « prendre le large » (selon ses propres termes), au moins pour quelque temps. Le soldat Mendelson accueille la nouvelle avec indifférence. « Fais ce que tu veux. Moi, je vais me coucher. »

Aujourd'hui encore, il regrette son attitude : « *J'étais devenu une sorte de monstre, en proie aux métamorphoses de l'âme. Tout au fond de moi, je savais que ce qui nous arrivait était nécessaire. Mais j'étais incapable de le lui faire comprendre. Le suicide n'était pas loin. Il y avait eu des conseils de famille, des promesses, des résolutions définitives —systématiquement bafouées. Ceux qui m'aimaient avaient essayé de me parler ; tous avaient battu en retraite, horrifiés par mes sarcasmes et ma démesure. Mes jours étaient fantomatiques, mes nuits hantées. Au petit matin, je me réveillais seul : Joan passait ses nuits sur le sofa. "Tu parles tellement en dormant !" Même mon père avait*

---

1. *Allusion plus que probable à des paroles de la chanson* The End, *des Doors.*

May 22, 1968

Wrote a long letter I haven't yet sent to Ralph, but I've made up my mind: no more money for him, no more senseless trips and promises impossible to honor. I've decided to put an end to this terrifying business of assisted suicide. Have I reached the ripe old age of seventy-three, for a young awkward soldier some five decades younger than I to announce one fine morning the stupid and useless death of my beloved son? A klog is mir!

JOURNAL INTIME DE DAVID. 22 MAI 1968. *Écrit une longue lettre à Ralph, non envoyée encore mais ma décision est prise : plus d'argent pour lui, plus de voyages insensés et de promesses impossibles à tenir. J'ai décidé de mettre un terme à cette terrifiante entreprise de suicide assisté. Ai-je atteint l'âge canonique de soixante-treize ans pour qu'un jeune soldat emprunté, de cinq décennies mon cadet, vienne m'annoncer un beau matin la mort stupide et inutile de mon fils adoré ? A klog iz mir*[1] !

1. « *Pauvre de moi !* »

cessé de me chercher des excuses. Seul mon frère paraissait encore me comprendre : je veux dire par là qu'il était le seul à trouver encore les mots. Un jour, je me suis surpris à sonner à sa porte, le visage tuméfié par les larmes. Je ne savais même pas comment j'étais arrivé jusque chez lui. Mon père avait décidé de me couper les vivres tant que je repartirais au Vietnam. On devait être en juillet : il savait ce que j'avais en tête. Mon frère m'a fait asseoir. Il m'a servi l'une de ses tisanes mystérieuses. Sa petite amie du moment — Lena ? Linda ? — était juchée sur l'accoudoir du sofa. Elle portait une minijupe. "Est-ce que je dois partir ?" Walter a opiné. Nous avons attendu qu'elle referme la porte. Tout sentiment de honte m'était devenu étranger. Walter me dévisageait avec insistance. "Qu'est-ce qu'il te reste à trouver encore, hein ? Qu'est-ce que tu n'as toujours pas compris ?" Il me secouait par le bras. "Le temps presse, petit frère, le monde réel ne va pas t'attendre éternellement. Tu regardes la mort droit dans les yeux ? Parfait. Mais tôt ou tard, il te faudra choisir." Il a voulu me prendre dans ses bras. Maladroitement, j'ai écarté sa main. Il a juré, alors, et s'est levé d'un bond. Aussi incroyable cela puisse-t-il paraître, nous nous sommes battus. Ça devait nous démanger. Je suis rentré chez moi avec un œil au beurre noir et un furieux désir de vivre. Joan me dévisageait, apeurée. Mon frère venait de me sauver la vie, et personne ne le savait encore. »

🌀

En octobre 1968, Ralph soulève de nouveau son sac. À la question « Tu seras prudent ? », il s'abstient de répondre. Cette fois pourtant, il se tiendra à l'écart du tumulte.

En novembre, Richard Nixon est élu président des États-Unis au terme de l'une des batailles électorales les plus serrées de l'Histoire. Quelques jours plus tôt, son prédécesseur a annoncé l'arrêt des bombardements au Vietnam. La guerre touche-t-elle à sa fin ?

« *J'en étais venu à penser, raconte Ralph, que la guerre ne se terminerait jamais. J'étais loin d'être le seul. Ce qui se jouait, désormais, c'était la guerre tout court, une sorte de bataille cosmique dérisoire et sublime avec quelques arpents de terre hostile pour seuls objets. De toute évidence, quelque chose là-dedans échappait à l'entendement humain.* »

Je lui demande s'il en sait plus aujourd'hui. Il se masse les tempes, soupire.

« *J'avais été affecté à un détachement médical dans les montagnes, à l'ouest de Chu Laï. Près du village de Tra Bong, une infirmerie avait été montée, tenue par quelques volontaires. Je voulais connaître la vie de ces gens-là.* »

Il fait craquer les jointures de ses doigts.

« *Tra Bong était l'un de ces endroits pouilleux et hors du temps que l'aube nimbait d'une lumière irréelle. Je m'y promenais parfois, appareil photo en main. La guerre ? Tout ce que je voyais, c'étaient des jeunes femmes à vélo, des poteaux dénudés, des monceaux d'ordures et de tôles oubliés sur les bas-côtés. Perdus dans les montagnes... Parfois, un hélicoptère survolait la scène. Des Américains en descendaient. Il y avait des amputations à pratiquer, la forêt résonnait de vagissements déchirants, les chirurgiens manquaient de morphine. À part cela, la région était plutôt calme. Je vivais dans une cabane qui avait appartenu à un officier récemment tué par une mine — mine qu'il avait, prétendait la rumeur,* lui-même posée. *Les discours enflammés de la radio locale berçaient ma conscience obscurcie. Le soir venu, j'allais me baigner avec les autres dans un trou d'eau saumâtre. Je m'étais fait des amis. Je ne vais pas les évoquer ici — sur les huit, cinq sont morts là-bas. Mais je peux parler de la jungle : une créature dense et agitée, montagnes escarpées, ravins et gorges sombres, rapides et chutes d'eau, trois couches de branchages et de petits hameaux fumants et fragiles accrochés à flanc de colline et, plus loin encore, de larges vallées de bambous, des océans d'herbes hautes. La nuit venue, après le tournoi de volley, nous passions des films sous la tente de l'intendance en buvant des bières et nous jouions aux cartes jusqu'au petit matin. Non loin de l'infirmerie, des Bérets verts avaient établi un poste avancé. Nul ne savait ce qu'ils fabriquaient exactement. Des jours durant, ils s'évanouissaient dans les sous-bois, filant tels des spectres, et leurs visages peinturlurés de vert et de cendre se promenaient dans les méandres de mes rêves, au-delà des nuits brumeuses et humides... »*

De nouveau, je feuillette les carnets de Ralph.

Parfois, je sors de mon campement, réveillé par un bruit, et je sais avec certitude qu'il est cinq heures, cinq heures du matin, et que, bientôt, les nuages se lèveront et que la vallée apparaîtra, comme au premier jour du monde. Prêt à bondir par-delà les spirales barbelées, je suis l'ombre qui veille, la sentinelle constante.

Me voici partant dans la jungle. Des bruissements, des frôlements, des cris que personne ne connaît, des rires de singes bruns, des sanglots, de la musique : l'endroit le plus vivant de la Terre.

[...]

Je suis revenu vers Saigon, vers ce que je croyais être la lumière. Il y a eu cet assaut. J'ai vu mourir plus d'Américains qu'un cimetière d'une ville moyenne n'en peut contenir. Un apprenti ébéniste dont le bras a été retrouvé dans un arbre ; un joueur de base-ball dont la tête a roulé aux pieds de son frère cadet ; un jeune amoureux transi qui serrait la photo de sa fiancée contre sa joue lorsque nous l'avons retrouvé – la seule joue qui lui restait.

J'ai couru si vite que les battements de mon cœur se sont substitués à l'écho de mes pas. Trois heures sans bouger, j'ai attendu, tapi sous les frondaisons, au côté d'un cadavre de Viêt-cong sur lequel batifolait un couple de papillons pâles. Je me souviens avoir rampé dans un tunnel envahi par la boue : la boue est entrée dans ma bouche, et j'aurais souri si je l'avais pu. Des palmiers en flammes s'agenouillaient face au ciel corrodé et je ne pensais qu'à Joan, dans notre salon : je la voyais assise, caressant son ventre d'une main triste, pensant à moi en retour. En as-tu assez, Ralph Mendelson ? Après quoi les bombardiers sont arrivés et un calme serein a déferlé sur les plaines. C'était la lumière la plus sombre qu'on puisse imaginer.

[…]

Aujourd'hui, j'ai vu Dieu, comme mon père avant moi, dans des montagnes très différentes. Et pourtant ! Ne dirait-on pas qu'en de telles circonstances, toutes les montagnes se ressemblent ? Des paillettes de poussière dorée flottaient dans le jour embrumé. J'ai écarté mes doigts devant mon visage.

Je flotte dans mon hamac au-dessus des cimes et du monde. Ce matin, cette nuit, je me suis arrêté au pied d'un arbre. Un bébé singe était tombé et poussait des couinements apeurés. Il s'est figé à ma vue, puis s'est remis à hurler. Qui appelait-il ? Braquant ma torche sur sa face, j'ai avancé une main. Pour commencer, il a voulu la mordre. Puis, quand il a compris que je ne lui voulais aucun mal, il s'est simplement reculé contre le tronc et son regard s'est fondu dans le mien. C'était un défi sans passion, juste lui et moi, prisonniers de cette forêt, prisonniers du monde et de la douleur. Doucement, j'ai détourné le faisceau. « Quelqu'un va venir », ai-je murmuré en me relevant.

Nous vivons des jours sans réponse sur une terre inconnue, loin de tous ceux que nous aimons, et l'avenir, s'il existe, se résout et se contracte dans le regard apeuré de ce singe. "Nous sommes le 30 mars 1969", a déclaré hier l'infirmier du dispensaire qui ne m'avait pas parlé depuis trois jours. Il m'a poussé du seuil sans ménagement. Cela voulait dire : va-t-en. Une injonction à la vie.

Nous sommes le lundi 31 mars 1969 et il est plus que temps de regagner le monde.

Le retour

En décembre 2001, de passage à New York, je rends visite à Joan et Ralph Mendelson, qui ont gentiment proposé de m'héberger chez eux quelques jours.

À vrai dire, ce n'est pas la première fois que je franchis leur seuil : notre première rencontre remonte à 1990, au moment où je faisais la connaissance de Joyce, et j'ai déjà parlé plusieurs fois avec Ralph, de la guerre et du reste. Pourtant, et assez étrangement, je suis toujours aussi intimidé. Joan est psychanalyste. Autodidacte, elle a ouvert son cabinet en 1976 et elle s'est très vite constitué une prestigieuse et fidèle clientèle.

Éprouverais-je quelque réticence à la « questionner » à mon tour ?

Au deuxième soir de mon séjour, Ralph est forcé de
s'absenter : il doit dîner avec un ami qui, apprendrai-je par
la suite, a perdu sa fille dans les récents attentats du World
Trade Center. Sanglé dans un lourd pardessus noir, le cadet
des jumeaux Mendelson se retourne vers nous et rajuste
ses lunettes à monture d'écaille.

*« Je sais ce que vous allez faire dès que j'aurai fermé cette
porte. »* Je hausse les sourcils. Il sourit : *« Le Vietnam vu
d'ici. Vous allez discuter de comment c'était pour elle de rester à New York. »*

Pour le coup, je m'abstiens de répondre : Ralph
Mendelson, avec qui une forte complicité s'est développée,
a vu clair dans mon jeu. Du reste, je n'ai jamais fait mystère de ma volonté d'interviewer son épouse un jour.
L'intéressée termine son verre puis lui fait signe de nous
laisser tranquilles. *« Il est temps que ce jeune homme entende
ma version des faits ! »* clame-t-elle. En prononçant ces
mots, elle sourit – mais son sourire s'efface quand la porte
de l'appartement se referme et qu'un silence nouveau nous
enveloppe.

Après quelques secondes embarrassantes, je me lève et
me poste à la fenêtre. C'est en septembre 1996 que Ralph
et Joan ont déménagé au dernier étage de cet immeuble de
Thompson Street, au cœur du Village. « Besoin de calme »,
avait alors expliqué Ralph. Cinq ans plus tard, presque jour
pour jour, un gigantesque nuage de fumée gris-noir explo-
sait au-dessus de Manhattan.

*« Je faisais mes courses lorsque c'est arrivé, raconte Joan en
remplissant mon verre de vin. J'ai vu l'avion. J'ai vu le premier
avion traverser le ciel. »*

Je retourne m'asseoir. Cent jours ont passé depuis le drame, mais le cratère demeure béant et la blessure intacte.

Joan a commandé des plats chinois chez Eden Wok, un Asiatique casher de la 34ᵉ Rue où elle a ses habitudes. Nous dépouillons de leur emballage plastique les barquettes de poulet au citron et de bœuf à la sauce aillée qui nous ont été livrées tout à l'heure. Dans le lecteur CD, le *Pelléas et Mélisande* de Schoenberg passe en sourdine. Joan dispose nos baguettes sur les sets de table en bambou et vérifie son chignon. La dureté malicieuse de son regard, la patine argentée de ses cheveux tirés, l'anguleuse pureté de ses traits confèrent à son visage une impression de sévérité qu'elle ne fait rien pour dissiper.

Au sein de la famille Mendelson, Joan passe pour être dotée d'un redoutable sens de l'humour et d'une intelligence acérée. « *Les questions sont prêtes* », note-t-elle en désignant mon carnet à couverture de cuir posé sur le buffet. Je me sens toujours un peu mal à l'aise avec elle. « *Non*, dis-je. *Ce sont juste, euh, des notes d'ensemble, une sorte de déclaration d'intention. Les questions, je les improvise selon la tournure que revêt l'entretien.* » L'épouse de Ralph porte son verre à ses lèvres. Je sors l'enregistreur de ma sacoche et le dépose sur un coin de table. « *Pour une fois, dis-je, c'est vous qui allez parler.* » Elle hausse les épaules ; nous dînons à la hâte. En guise de dessert, Joan sort deux pots de glace Klein's du congélateur. « *Casher aussi, dit-elle. Nous sommes les champions du prosélytisme.* »

Je fais glisser l'enregistreur au centre de la table. « *Prête ?* » Elle se caresse la lèvre inférieure. « *Évidemment.* »

Cet épisode de la guerre du Vietnam est pour moi l'un des plus importants du livre, peut-être même de la saga dans son ensemble. Parce qu'il traite de l'homme et de lui seul, et que c'est un sujet inépuisable. J'aurais aimé partager l'expérience de Walter lors du Débarquement mais... (Joan opine, compatissante.) Bref. En préambule, je voudrais revenir avec vous sur le premier voyage de Ralph, de décembre 1965 à mai 1966. J'ai effectivement pris note de sa version des faits mais c'est la vôtre à présent qui m'intéresse : comment vivez-vous son absence ?

Dans la crainte et l'affliction. Que croyez-vous ? Internet n'existe pas. Durant les cinq mois auxquels vous faites allusion, je reçois en tout et pour tout trois lettres. Pendant des semaines, je demeure sans nouvelles, redoutant sans cesse le moment où des hommes en uniforme viendront sonner à ma porte, leur casquette chiffonnée à la main.

Je regarde la télé, je ne la regarde plus, je parcours le New York Times, *je ne sors plus de chez moi —parfois, je téléphone à Helena, qui a gardé des contacts au journal et qui connaît des reporters, et je n'ai pas la moindre idée de ce que j'attends de ces coups de fil...*

Et David ?

David n'en sait pas plus que moi ou que qui que ce soit. Il ronge son frein. Le voici propulsé plus de vingt ans en arrière, au moment où Walter débarquait en Europe. Nous essayons de nous soutenir mutuellement mais, bien entendu, nos efforts sont vains et nos disputes quotidiennes. Il me reproche de ne pas avoir su empêcher son fils de partir. Je l'accuse ouvertement de l'y avoir encouragé. Lorsque nous avons assez crié, nous tombons

March 21, 1966
- A horrible argument with Joan yesterday evening
- yet again. She accuses me of having taken
- Ralph away from her, claims I was hoping
for his departure and had plotted the
whole thing. The Mandelson family is
under a bad spell these days, what with
crying, shouting and broken crockery, Helena
looks on in silence then walks away, announcing
she's off to pray the Lord and we would
be well advised to do the same -
Sometimes at night I dream of a clear sky,
our fingers intermingle, speech fragmented and
thousands of birds fly up and away -

JOURNAL INTIME DE DAVID. 21 MARS 1966. *Dispute horrible avec Joan hier soir — une de plus. Elle m'accuse de lui avoir enlevé Ralph, prétend que je désirais son départ et que j'ai tout manigancé. Le malheur s'abat sur la famille Mendelson ces temps-ci : larmes, hurlements et vaisselle brisée. Helena nous observe sans mot dire puis, tournant les talons, déclare qu'elle va prier l'Éternel, et que nous serions bien inspirés de suivre son exemple. Au cœur de la nuit, parfois, je rêve d'un ciel serein, nos doigts s'entremêlent, la parole se fragmente et des milliers d'oiseaux s'envolent vers les nuées.*

dans les bras l'un de l'autre, et nous pleurons. Un matin, à six heures, il me téléphone : un affreux pressentiment l'a saisi. « Il est arrivé quelque chose à Ralph », me dit-il. Il en a l'intime conviction. Vous imaginez mon état.

Sur quoi se fonde cette « intime conviction » ?

Un cauchemar. Un cauchemar dans lequel son fils lui crie quelque chose qu'il ne parvient pas à entendre. « C'est un présage, affirme-t-il. Aucun doute possible. »

Mais il se trompe.

Mais je n'ai aucun moyen de le savoir.

De quoi vivez-vous à l'époque ?

David m'a embauchée à l'agence. Il a pris cette décision avant même le départ de son fils. L'argent gagné par Ralph est viré directement sur notre compte. Je pourrais me débrouiller seule, avec les cours d'anglais, mais David ne veut pas en entendre parler. Il compte me prendre sous son aile. « Il vous faut un salaire régulier et honnête », martèle-t-il. Le fait est que je n'ai pas vraiment envie de lutter.

En mai 1966, le fils prodigue revient. Quel est alors votre état d'esprit ?

Ralph rentre un soir, à l'improviste. La dernière lettre que j'ai reçue de lui m'avertissait de son retour prochain sans plus de précisions. Et voici que sa clé tourne dans la serrure et que la porte s'ouvre. À cet instant, je suis devant la télévision. Je ne bouge pas. Mon fiancé laisse tomber son sac dans l'entrée et, sans un mot, s'assied à mes côtés. Alors, seulement, je me

*tourne vers lui et je commence à le bourrer de coups de poing
en pleurant de rage. Sans conviction, il me repousse. Et il
regarde ailleurs, comme si la scène ne le concernait pas. Pour
finir, il me prend dans ses bras : voilà pour les retrouvailles.
Les semaines suivantes sont particulièrement éprouvantes.
Ralph retourne à l'agence dès le lundi. Il y reste quinze heures
par jour, rentre généralement à minuit. Je donne ma démission à David, qui la refuse. Pendant quelque temps, mon
fiancé ne m'adresse plus la parole. J'en reste le souffle coupé.
Je me sens coupable, mais de quoi ? J'ai fait tout ce que je
pouvais faire. Mon état d'esprit, pour répondre à votre question, oscille entre colère, désespoir et incompréhension.
Un soir, à deux heures du matin, Ralph titube jusqu'à notre
chambre. Calée contre mon oreiller, un roman sur les genoux,
je le regarde s'affaler sur notre lit, où il s'endort tout habillé.
Il empeste l'alcool. C'est le moment que je choisis pour partir
chez ma sœur, qui vit à Boston.
Ralph me téléphone deux jours plus tard, en larmes. Il me supplie de revenir, m'affirme que je suis sa vie. « Si c'est le cas, lui
réponds-je, pourquoi le Vietnam ? » Il s'efforce de m'expliquer. « Je ne pouvais pas faire autrement, dit-il. Nous autres,
les Mendelson, nous avons échappé à la mort alors que près de
six millions de Juifs ont péri suite à la Shoah. Crois-tu que nous
puissions fuir éternellement ? » Au ton de sa voix, je devine qu'il
est encore sous l'emprise de l'alcool. Je raccroche donc. Je resterai deux semaines de plus chez ma sœur, jusqu'à ce que David
lui-même me supplie de revenir.*

Ralph ne m'a jamais parlé de ça...
Êtes-vous étonné ?

**Pas tant que je le voudrais. Comment David vous convainc-
t-il de rentrer ?**
*En organisant un conseil familial, auquel sont conviés Ralph
et son frère, et Doris, et lui-même. Et moi, bien entendu.*

Doris se trouve alors à New York...
Oui, elle vient exprès pour son cousin.

Comment se passe le conseil ?
*Aussi bien que possible, au vu des circonstances. Ralph est
sobre, c'est le premier point positif. Le second, c'est qu'il revient
sur ses déclarations téléphoniques : non, il n'est pas parti au
Vietnam pour expier la prétendue lâcheté de ses aïeux ; il est
parti parce qu'il se sentait mal.*

Vous le croyez ?
*Le fait est qu'il développe un discours farouchement antimi-
litariste. « Au Vietnam, dit-il, j'ai vu des choses horribles, des
choses qui, racontées, photographiées, commentées, pourraient
aider à mettre un terme à la guerre. »
Il exhibe des clichés. Il mentionne des anecdotes. Doris et moi
sommes tétanisées : c'est la première fois que nous l'entendons
s'ouvrir ainsi. Lorsqu'il en a fini, Walter pose une main sur sa
cuisse. « Bien joué, petit frère. Maintenant, tu n'auras de cesse
de vouloir repartir tant que cette guerre ne sera pas terminée. »*

Et il a raison.
*Et il a raison. Mais à sa décharge, je dois préciser que Ralph
ne m'a jamais juré qu'il ne repartirait pas. Pendant quelques
semaines en tout cas, il s'efforce de mener une existence*

normale. Dès huit heures du matin, il gagne son agence et se noie dans le travail. Mais les nuits restent sombres, lardées d'éclairs et de visions : principalement les miennes. Ralph essaie de parler. Il a laissé des amis au Vietnam. Des gens à qui il a promis de raconter leur histoire et qu'il craint désormais de ne jamais revoir.

Quand parle-t-il de repartir ?
Dès la fin de l'été 1966. Très honnêtement, ce n'est pas une surprise pour moi.

Comment prenez-vous son annonce ?
Je manque d'énergie. Il me serre dans ses bras, m'assure que c'est la dernière fois, qu'il ne s'en va que pour deux mois, qu'il a besoin de ce voyage, que nous ferons un enfant à son retour. Je me défais de son étreinte. « Ne dis rien. » Je pars pleurer dans notre chambre. La porte se referme. Nous sommes fin décembre. Je ne le reverrai qu'au printemps.

Le deuxième retour se déroule-t-il de la même façon que le premier ?
Non. Parce que dès son arrivée, nous savons tous que Ralph n'en a pas terminé avec ses obsessions. À cette époque, la situation est extrêmement tendue entre nous. Un photographe me fait des avances — vous pouvez écrire ça, Ralph est tout à fait au courant — et je suis réellement à deux doigts d'y céder. Ce qui me retient ? Mystère. Nos relations se réduisent à la portion congrue. Chaque soir, et jusque tard dans la nuit, mon mari tente de mettre ses pensées en ordre. Il rédige des articles et des rapports à destination de journaux antimilitaristes, de magazines à

sensations, parfois de sa propre cousine, qui travaille pour la Croix-Rouge. Peut-être se sent-il investi d'une sorte de mission sacrée. Quoi qu'il en soit, il est inutile de chercher à le convaincre. Même son père a renoncé.

Songez-vous, pardonnez-moi, mais songez-vous alors à la séparation ?
Non.

Puis-je vous demander...
Pourquoi ? Je ne sais pas. C'est ainsi. Appelez ça l'amour.

Janvier 1968, Ralph repart. Son troisième voyage. La situation au Vietnam ne s'est pas améliorée.
Oh, nous allons perdre cette guerre, Ralph le répète sans arrêt. Il dit même qu'elle est déjà perdue. La seule guerre qu'il reste à gagner, c'est celle de la dignité humaine : voilà ce à quoi il s'accroche. En avril 1968, Martin Luther King est assassiné. « Vous voyez ? » semble nous asséner Ralph de l'autre côté de l'océan. Mais nous ne voyons rien du tout.

Et Ralph revient en mai.
Oui. Pour quelques mois encore. Et je sais parfaitement qu'il va repartir. Pour moi, la coupe est pleine.
Un soir, aux alentours de la mi-juillet, il rentre à la maison le visage en sang. De toute évidence, il s'est battu. « Mon connard de frère », marmonne-t-il. J'apprendrai plus tard que leur dispute n'est que le prolongement d'une discussion entamée près de dix ans auparavant à San Francisco[1]. Toujours est-il qu'il s'enferme

---

1. Voir le tome 2 de La Saga Mendelson, Les Insoumis.

dans la salle de bains pendant une heure. Lorsqu'il ressort, il est nu comme un ver, et furieux. Je lui demande des explications. Il m'attrape par le poignet et me mène à notre chambre. Ce qui arrive ensuite ne regarde que nous.

Le mois suivant, je me découvre enceinte. Ralph ouvre de grands yeux. « Eh bien quoi, dis-je, n'est-ce pas ce à quoi tu t'attendais ? » Son départ est prévu pour fin octobre. Je fixe un ultimatum. « Si tu ne reviens pas avant la naissance de ton enfant, si tu ne t'engages pas à ne plus jamais repartir ensuite, tu peux tirer un trait sur notre relation. Je suppose que tu sais combien de temps dure une grossesse ? » Il me dévisage, hagard. Encore une fois, il ne me promet rien.

David est scandalisé.

New York, July 30, 1968

My dear little sister.

What can I tell you that you aren't already aware of! Our suspicion is well founded, the tumor is cancerous! However, Doctor Heine, who has been observing Helena from the very beginning, thinks that it was discovered in time and that chances of recovery, however slim, do exist, I can't get up the courage to phone you. But I must nevertheless rise to the occasion.

Helena has reacted quite well to the news. As well as possible in fact, taking refuge as usual in the sayings of the Lord.

May you never forget my wife in your prayers, my dear little sister, for I fear we will need plenty of goodwill in the weeks and months to come.

David

LETTRE DE DAVID À LEAH. *New York, le 30 juillet 1968*
Ma chère petite sœur. Que te dire dont tu ne te doutais déjà ? Hélas !
Nos soupçons sont bel et bien fondés : la tumeur est cancéreuse.
Le docteur Heine, qui suit Helena depuis le début de cette affaire,
estime cependant qu'elle a été découverte à temps et que les chances
de guérison existent, même si elles sont minces. Je ne trouve pas la force
de te téléphoner. Il faut pourtant que je redresse la tête. Helena réagit
bien à la nouvelle, aussi bien que possible, trouvant refuge, comme
à son habitude, dans la parole de l'Éternel. Puisses-tu ne jamais
oublier ma femme dans tes prières, ma chère petite sœur,
car nous aurons, je le crains, besoin de toutes les bonnes volontés
pour les semaines et les mois à venir. David

Mais il ne peut rien faire.

Ce n'est pas une surprise : quand les Mendelson ont une idée en tête, vous n'avez plus qu'à en prendre votre parti. Cette fois-ci, pourtant, les données du problème sont différentes. Je porte la vie. Un grand calme m'envahit. Je pense sincèrement ce que j'ai dit. Ralph a voulu cet enfant : s'il ne revient pas avant le jour J, c'en sera fini de notre couple.

1968 est aussi l'année où la maladie d'Helena se déclare. Pouvez-vous nous en dire plus ?

Vous avez raison, tout ne tourne pas autour de Ralph. Durant l'été 1968, Helena se découvre une grosseur au sein. Elle prend immédiatement rendez-vous chez le médecin. On lui diagnostique un cancer : il faut opérer sans tarder. David est effondré. Dès le mois de septembre, Helena subit une mastectomie au Beth Israel Medical Center, puis des séances de rayons auxquels elle réagit plutôt bien, malgré des effets secondaires particulièrement sévères.

Quels effets ?

Perte de cheveux, perte de poids, agueusie[1]. Et puis elle a des maux de ventre, des diarrhées. En — attendez un peu (elle réfléchit) — en mars 1969, je crois, elle entame une nouvelle séance de rayons. Cette fois, les choses se passent moins bien. À plusieurs reprises, elle perd connaissance. Il lui faut rester alitée. Tout le monde commence à redouter le pire.

Y compris David ?

Surtout lui, vous voulez dire ! Vous savez, Helena n'a même pas

---

1. *Perte du sens du goût.*

encore soixante ans à l'époque. David n'est tout simplement pas prêt. On ne le voit plus à l'agence : il reste auprès de sa femme et se désintéresse complètement du reste. C'est une période difficile. Nixon a été élu, nous sommes tous en colère. Walter et moi maintenons l'agence à flot. Nous avons intenté un procès à un grand magazine anglais pour défaut de paiement mais le dossier se révèle beaucoup plus complexe que prévu.

« Je n'en peux plus », gémit Helena. Mais qui est encore en mesure de faire face ? Ralph ne donne aucune nouvelle, Walter se remet allègrement à boire, David se fâche avec un rabbin.

Perdez-vous espoir ?
Je ne raisonne pas en ces termes. Tout ce à quoi je pense, c'est mon enfant : il faut que je me batte pour lui. Et puis, le tableau n'est pas si sombre que j'essaie de vous le faire croire. L'agence est bénéficiaire. Je dispose d'un emploi stable. David est toujours à nos côtés, et les médecins affirment qu'Helena peut s'en sortir. Quant à Walter, il s'est inscrit aux Alcooliques anonymes.

Tout arrive ! Bruce Mendelson, lui, paraît le 11 avril 1969. Parlez-nous des jours qui précèdent sa naissance.
J'ai arrêté de travailler. Je passe désormais la majeure partie de mes journées chez Helena. Nous essayons de nous soutenir l'une et l'autre. En vérité, je la porte à bout de bras. Je cuisine pour elle, je lui lis des romans à l'eau de rose, nous essayons de travailler sur ses crises de vertige. « Sa personnalité, indique en privé son médecin, se détériore à une allure préoccupante. » Elle passe des heures dans son bain, s'inquiète sans cesse pour ses chats, soliloque à voix basse, m'explique que le monde est

devenu un endroit « totalement étrange et incompréhensible ». Un peu bêtement, je lui conseille une analyse. Oui, c'est une manie chez moi ! (Rires.) Mais David s'y oppose. « Assez de palabres freudiens. » Je hoche la tête. Je n'ai pas dit mon dernier mot.

Prostrée, maussade, Helena reste des heures devant la fenêtre. « Je voudrais me perdre », annonce-t-elle. Elle se tourne vers moi : « Je ne pouvais pas avoir d'enfant. Saviez-vous cela ? » Je lui fais signe que non. Elle soupire.

La voilà plongée dans la Torah. Scrupuleusement, elle respecte les rites. « Le Très-Haut possède un plan pour chacun de nous, explique-t-elle. Mais tout de même : j'aimerais beaucoup lui parler. » Je la regarde, essayant de masquer mon trouble. Je lui sers à manger, tire une chaise à ses côtés, flatte mon ventre rebondi. « Nous devrions tous essayer de préparer un monde meilleur », dis-je. Elle renifle.

Et puis un matin, on sonne à la porte. C'est un livreur de fleurs. Cent roses blanches à mon nom : elles m'attendent en bas. Je blêmis. Parce que, voyez-vous, Ralph m'a déjà offert des roses blanches pour notre premier rendez-vous, douze ans auparavant. À ceci près qu'il n'y en avait que dix, alors. Le livreur enfonce ses mains dans ses poches. « Vous les acceptez ? » Bien sûr, que je les accepte.

Avec Helena, nous sortons tous les vases que nous pouvons trouver. Nous voilà affairées, silencieuses, arrachées au quotidien. Dans mon ventre, le bébé donne des coups de pied. Cinq minutes plus tard, on sonne de nouveau. C'est lui, c'est mon Ralph, il est en pleurs. Je me jette dans ses bras. « Voilà, dit-il en me serrant à m'en briser les os, c'est fini, je ne partirai plus jamais. » Et il tiendra parole.

C'est une belle histoire : très « Mendelson » si je puis me permettre.

Les hommes de la tribu ont toujours eu le chic pour réduire les femmes au silence au moyen de quelque haut fait. Quand il avait un problème avec Helena, David l'emmenait à Greenwich et lui faisait servir du homard flambé à l'armagnac ; ses surprises étaient toujours étranges : une promenade à cheval dans les Catskill Mountains, un concert improvisé sur le toit de l'immeuble avec un quatuor à cordes...

Comment se passe votre accouchement ?

Ah, il n'y a que ça qui vous intéresse, hein ! (Elle sourit.) Tout se déroule à merveille. Je perds les eaux quelques jours plus tard alors que je suis en train de prendre ma douche. J'appelle Ralph à l'agence : il accourt. Il m'a trouvé une place dans une clinique privée. L'accouchement tient presque de la formalité.

Et la suite ?

Nous rentrons à la maison trois jours plus tard. Ralph a tout préparé : il a tenu à décorer la chambre lui-même. Nous prenons nos quartiers dans le salon. Le bébé, comme vous le savez, se prénomme Bruce. C'est un beau petit garçon, très calme, qui fait ses nuits presque immédiatement. Et Dieu soit loué ! Parce qu'avec Ralph, nous sommes à couteaux tirés. Cette grossesse, cet accouchement m'ont affectée plus que je ne l'aurais soupçonné. D'anciens traumas sont ravivés. Il faut dire que mon père est mort l'année précédente : je réalise à quel point la vie est belle, fragile et intense. À la suite d'Helena, je plonge dans la religion. Un rabbin me tend la main. « *Il n'est jamais trop tard.* » *Bruce est circoncis, bien sûr, à la plus grande satisfaction de son grand-père. Mais Ralph suit tout cela de loin. Il n'observe le Shabbat que médiocrement.*

Ambiance houleuse, donc.
Je lui reproche sans cesse de ne pas s'impliquer. À mes yeux, ce n'est pas seulement sa fiancée qu'il a délaissée : c'est sa famille, son héritage. Longtemps, je vais lui faire payer ses voyages, comme je les appelle, tout en sachant, tout en comprenant que ce sont eux, d'une manière ou d'une autre, qui lui ont permis de se constituer – de se détruire par le feu pour renaître.

Tous les Mendelson mâles fonctionnent ainsi, non ?
Que voulez-vous dire ?

Eh bien, on grandit dans la religion, on tente d'y échapper et on y revient à la faveur d'une trajectoire personnelle, solitaire…
(Elle réfléchit.) *Je crois que vous avez raison. De ce côté-ci de l'arbre généalogique, en tout cas. David et son film au Mexique, Walter et son Débarquement, Ralph au Vietnam… En ce qui concerne la branche californienne, l'histoire est sans doute un peu différente : les enfants baignent dans une ambiance plus libérale. Leah n'a jamais été aussi juive, au sens religieux du terme, qu'Helena, par exemple. À ma connaissance, Alfred s'est rarement préoccupé des rites. Quant à Shirley – bénie soit-elle –, c'était une femme bien trop douce pour imposer quoi que ce soit à ses enfants.*

Nous arrivons au mois de juillet 1969.
Et à notre mariage, oui. En petit comité, comme Alfred et Judith.

Désirez-vous tous les deux cette union ?
C'est moi qui insiste, assurément. Pour nous, pour notre enfant, mais aussi pour Helena, qui est en rémission, et pour David. Ralph m'aime : de cela, au moins, je suis certaine. Au contact de son fils, il se reconstruit à son rythme. Il discute aussi beaucoup avec son père et son frère. C'est la première fois que je les vois aussi proches. Je me dis que le reste suivra ; mon instinct me trompe rarement. La famille, notre famille m'apparaît alors comme un refuge contre la laideur et le chaos du monde, et il me semble que Ralph

« Un bond de géant pour l'Humanité » : le 21 juillet 1969, le *New York Times* salue le premier pas de l'homme sur la Lune.

partage mon point de vue. Nous vivons une ère singulière. La guerre froide, les émeutes, le Vietnam…

Quelques jours après notre union, bénie par Rabbi Edelstein, Neil Armstrong pose un premier pied sur le sol lunaire. Tous ensemble, nous suivons l'exploit à la télévision. Bruce joue devant le poste, à plat ventre sur le tapis. Je le regarde, puis je regarde l'écran. Tout est possible, je le sais en cet instant. Ralph prend ma main dans la sienne. J'ai foi en ce que nous formons.

DISParITIONS

1972 (LE 13 JUILLET, POUR ÊTRE PRÉCIS) est l'année de la naissance de Joyce, ma « correspondante américaine », celle dont j'ai fait connaissance en 1990 dans le cadre d'un programme d'échange et sans qui *La Saga Mendelson* n'aurait jamais été écrite – en tout cas pas par moi. Joan et Ralph semblent avoir atteint une forme de plénitude tranquille : il a pris officieusement la tête de l'agence *M. & Sons*, elle a cessé de travailler, à quelques cours près, pour se consacrer à l'étude de la psychanalyse.

Tous les étés, le couple et ses deux enfants posent leurs bagages dans le grand hall de la maison de Greenwich, où les attendent Leah et Roy d'un côté, et David et Helena de l'autre. Doris se joint parfois à ce noyau dur, tout comme Walter ; Alfred et Judith quittent la côte Ouest, et Shirley aussi, quand elle le peut. Avec un plaisir ému, le patriarche observe sa famille se rassembler autour de lui. Depuis quelque temps, il a délégué ses responsabilités à l'agence et parle de retraite définitive. Sur la pelouse, les enfants courent et s'égaillent joyeusement. Le jardin résonne de leurs cris ; Bruce a trois ans, David Jr. en a six, et son cousin Scott est à peine plus âgé.

À bientôt dix-sept ans, Tammy se sent un peu seule.

« *Je ne suis pas venue si souvent à Greenwich durant mon adolescence, se souvient-elle. Généralement, maman travaillait, et elle pouvait rarement se permettre de prendre des congés. Je lui en ai un peu voulu pour ça. Nous connaissions assez mal le reste de la famille, elle était la première à l'admettre, mais c'était ainsi : nous ne pouvions rien y faire. En contrepartie, lorsque nous débarquions, c'était généralement pour six semaines. J'ai découvert les vertus de l'ennui à Greenwich. Bon, j'exagère un tantinet. Il n'en reste pas moins que je n'avais personne de mon âge à qui parler. Cela dit, je m'entendais très bien avec ma tante Doris et je débordais d'affection pour ma grand-mère. Mon oncle Alfred était un peu plus occupé avec David Jr. mais il essayait tout le temps de me faire rire. Tout le monde savait par quels tourments nous étions passés. J'étais la jeune fille dans la lune, celle qui avait grandi trop vite. J'avais perdu ma sœur, puis mon père, alors que je n'étais encore qu'une enfant. De Greenwich, je garde le souvenir de longues après-midi pluvieuses passées dans la bibliothèque avec ma grand-mère. Nous buvions des tisanes, elle me racontait des histoires de Hollywood. De temps à autre, elle s'arrêtait de parler et son regard se fixait sur moi. "Tu pourrais être l'une de ces actrices* à la mode, affirmait-elle. Ou peut-être pas : car aucune ne possède ta grâce. Promets-moi que tu n'écouteras jamais que ton cœur, hein ? Shain vi di zibben velten[1]" Je me levais, m'agenouillais à ses pieds, me serrais de toutes mes forces contre elle. Elle me caressait les cheveux. "Moi, poursuivait-elle, je suis une vieille idiote sentimentale. Mais toi, quelle est ton excuse ?" Je lui disais que je l'adorais. Et c'était vrai. Je n'ai d'ailleurs jamais cessé de le lui répéter. »

☙❀❧

Le milieu des années soixante-dix marque la fin d'une époque chez les Mendelson. De part et d'autre du pays, deux deuils très éprouvants vont frapper la famille.

C'est d'abord Helena qui s'en va : en septembre 1974, emportée par une pneumonie foudroyante. Au printemps, telle une vieille connaissance, son cancer est revenu. Fragilisée par d'épuisantes séances de radiothérapie, l'épouse de David succombe en quelques semaines. Elle vit ses derniers instants chez elle, entourée de tous ceux qu'elle aime. Son mari, on l'imagine, est anéanti.

Quelques semaines plus tard, en octobre, c'est au tour de Roy de disparaître : renversé par une voiture aux abords de Santa Monica. Double catastrophe et violent cataclysme chez les Mendelson qui, après le retour de Ralph du Vietnam, s'étaient peut-être pensés invulnérables.

Les interventions qui suivent sont tirées des multiples entretiens menés avec les enfants de David et de Roy. Elles

---

1. « Belle comme les sept mondes. »

L.A., May 16, 1974

My dear big brother of the fragile thoughts,

Doris told me the news yesterday over the phone;
I thought of calling you but I didn't, finally,
I imagine you understand why. I spent a long
time searching for the right words, for Helena
and for you, and I ended up with one word only,
the word beautiful of all : hope.

Roy joins me, expressing wishes in his own way.
"They have overcome this ordeal a first time; they
must now get back into the ring and knock
that fight out once for all." (I'm quoting his
very words.)

If there is anything we can possibly do beyond
showering you with similar pearls of wisdom...
Leah

LETTRE DE LEAH À DAVID. *L.A., le 16 mai 1974*
*Mon cher grand frère aux pensées fragiles, Doris m'a appris la nouvelle
hier soir au téléphone ; j'ai hésité à t'appeler, mais je ne l'ai pas fait
finalement. J'imagine que tu comprends pourquoi. J'ai longtemps
cherché mes mots, pour Helena et pour toi, et n'ai pu en dénicher
qu'un seul, le plus beau de tous : espérance. Roy se joint à moi
et forme des vœux à sa manière. « Ils ont triomphé de cette épreuve
une première fois : il leur faut maintenant remonter sur le ring et
mettre cette saloperie KO. » (Je retranscris ses propres termes.)
S'il est quoi que ce soit que nous puissions faire, hormis faire pleuvoir
sur toi de semblables perles de sagesse... Leah*

composent une sorte de vaste interview chorale, fictive évidemment, qui rend compte de la douleur vécue à l'époque et de l'attachement indéfectible porté par les Mendelson à leurs racines.

Ralph : « *Nous venions de vivre la démission de Nixon en direct le 8 août. Helena était déjà très affaiblie ; elle a tout de même trouvé la force d'applaudir. Elle était alitée la plupart du temps et regardait la télévision dans sa chambre. Nous faisions en sorte qu'il y ait toujours quelqu'un avec elle. Walter prenait son tour comme les autres — et mon père, et Joan, et Doris aussi, quand elle le pouvait. Alfred est passé deux fois, avec David Jr.* »

Alfred : « *Je suis venu à deux reprises à New York. Helena était ma tante, j'avais beaucoup d'affection pour elle et, au début, je pensais réellement qu'elle allait s'en sortir, une fois de plus, parce que c'était quelqu'un de courageux, qui pouvait trouver un grand réconfort dans la foi. Les quelques*

LE 9 AOÛT 1974, LE *NEW YORK TIMES* ANNONCE LA DÉMISSION DE RICHARD NIXON ET SA SUCCESSION PAR GERALD FORD.

conversations que j'ai pu avoir avec Joan ont rapidement douché mon optimisme. La perspective d'un second combat ne suffisait plus à galvaniser Helena. Elle savait ce qui l'attendait. Elle n'avait sans doute pas envie de revivre cette épreuve. »

Doris : « *Celui pour lequel nous nous inquiétions le plus, c'était David. Qu'allait-il devenir sans elle ? Plus de quarante ans de vie commune : elle était son centre, son alpha, son oméga. Lorsque je passais la voir, nous discutions de tout et de rien. Nous savions que le sujet du cancer était tabou. Elle l'avait vaincu une première fois, il était de retour, qu'ajouter à cela ? Elle détestait s'apitoyer sur son sort. Peut-être aurait-elle dû s'autoriser ce luxe. Elle était très maigre, extrêmement faible. Dès le mois de juin, après sa première séance de rayons, j'ai compris que ce ne serait qu'une question de semaines.* »

Ralph : « *Un soir, j'ai emmené mon père au cinéma : Chinatown, avec Jack Nicholson en vedette. Joan était restée près d'Helena. Pour mon père, l'abandonner ne serait-ce que l'espace d'une soirée représentait un déchirement. À la sortie, il pleuvait. Mon père a allumé une cigarette, ce qu'il ne faisait qu'exceptionnellement — il avait plus ou moins arrêté de fumer dans les années trente. J'ai hoché le menton vers son paquet. "Qu'est-ce que ça signifie ?" Il lorgnait le ciel. "Il pleuvait exactement comme ça quand j'ai rencontré ta mère." Il avait l'air si triste. Je lui ai serré l'épaule. Ta mère : c'était ainsi qu'il l'appelait depuis que nous avions quitté la maison, Walter et moi. Et nous n'avions jamais jugé utile de le contredire. Au vrai, c'était bien elle qui nous avait élevés, aimés, protégés, morigénés chaque fois que nécessaire.*

Mon père pleurait. Il tombait des cordes et il n'avait pas de parapluie. De brefs sanglots secouaient ses épaules. "Que veux-tu que je fasse sans elle, hein ? Ça ne rime à rien." Il se tordait les mains. "Que quelqu'un m'explique le sens de cette douleur." Quelques jours plus tôt, Charles Lindbergh venait de mourir. Les pages du grand livre se tournaient de plus en plus rapidement. Nous avons arpenté le trottoir. Je lui ai dit qu'Helena n'était pas morte, jusqu'à nouvel ordre, qu'il restait de l'espoir et que, même le jour où il n'en resterait plus, il faudrait profiter de chaque heure et de chaque seconde. Il s'est arrêté et m'a regardé droit dans les yeux. "C'est ce que je fais depuis le début, mon fils. Qu'est-ce que tu crois ?" Ses paroles m'ont brisé le cœur. Jamais je ne m'étais rendu compte qu'il l'aimait à ce point ou, plutôt, jamais je n'avais pris le temps d'y réfléchir sérieusement. Ce soir-là, en rentrant chez nous, je suis monté directement dans la chambre de Bruce, je l'ai soulevé de son berceau et je l'ai amené dans notre lit, et Joan ne m'a même pas demandé d'explication. »

Alfred : « Notre père vivait une vieillesse heureuse. À quatre-vingt-sept ans, c'en était même incroyable. Il faut croire que les mathématiques conservent ! (Rires.) Il avait déjà vu mourir deux de ses médecins, c'était presque devenu un sujet de plaisanterie à la maison : ma mère prétendait qu'il nous enterrerait tous. David Jr. l'adorait. Je suis très heureux qu'il ait pu passer ses premières années aux côtés d'un tel grand-père. Mon père passait chaque fois que possible à la maison. Après 1969, il a cessé de donner des cours et s'est rendu plus disponible. C'est lui qui a appris à mon fils à compter, à soustraire, à multiplier. Aujourd'hui encore, si vous lui posez la question, David Jr. vous expliquera que c'est grâce à Roy qu'il a réussi dans la vie. »

Doris : « *Le jour où Roy est mort, c'était...* (Elle marque une pause, renifle.) *Je me trouvais à Los Angeles pour régler des histoires de succession avec ma mère. Roy avait rendez-vous chez son neurologue à Santa Monica. Il s'y est rendu en taxi, comme à son habitude. Il est même arrivé là-bas avec un peu d'avance. Après coup, on se repasse dix fois le film des événements et on s'interroge : et s'il était sorti une minute plus tôt ? Et s'il avait décidé d'acheter le journal ? L'idée d'un destin inéluctable n'a rien de réconfortant. On se prend à rêver à d'autres futurs, à des univers parallèles. Roy adorait ce genre de scénarios. Qui sait s'il n'a pas simplement élu domicile dans le monde d'à côté...* (Elle sourit.) »*

Ralph : « *Tout s'est accéléré vers la fin. Je travaillais à l'agence, Walter se trouvait avec Helena, il a appelé, elle n'allait pas bien, pas bien du tout, elle se plaignait de douleurs à la poitrine et de difficultés à respirer. Nous avons fermé l'agence aussitôt. Mon père marchait contre le vent. Son visage n'exprimait plus rien.*

Nous avons hélé un taxi et j'ai pris la main de mon père dans la mienne. C'est moi qui avais eu Walter au téléphone. J'avais compris ce qui se passait. Je trouvais ça tellement violent, telle-ment injuste. À l'appartement, le docteur Heine nous attendait. Helena avait été placée sous sédatifs. Nous nous sommes ren-dus directement dans la chambre. Un sifflement inquiétant s'échappait de ses poumons, son front était brûlant de fièvre. Néanmoins, elle nous a reconnus tout de suite.

Mon père s'est installé à son chevet et il n'a plus bougé. Jusqu'à la fin, il est resté assis sur sa chaise, se levant à peine pour aller aux toilettes. Walter et moi avons retrouvé le docteur Heine au salon. Il faisait grise mine. "Votre mère est terriblement faible."

Il ne savait pas qu'elle n'était pas notre mère. Pour quelle raison l'aurions-nous contredit ? Helena avait une pneumonie. Tout pouvait arriver, à n'importe quel moment. Nous avons demandé au docteur s'il était quelque chose que nous puissions faire. "Prier" : telle a été sa réponse. C'était un antique médecin juif au regard sec qui paraissait tout considérer — rhume, entorse, mort subite — avec un égal fatalisme. Nous avons prié, mais Dieu devait être occupé ce jour-là. (Il regarde au loin.) Le jour suivant, la condition d'Helena s'est brusquement dégradée. Mon père ne mangeait rien, il refusait même nos verres d'eau.

Doris avait été prévenue. Elle nous a rejoints en hâte et elle s'est occupée de notre père avec Joan : sur sa chaise. Pour le reste, tout s'est aussi bien passé que possible, je ne sais pas comment dire ça autrement. Walter et moi rejoignions notre père à tour de rôle pour veiller Helena. Rabbi Moses, un ami cher de la famille, hantait les couloirs de l'appartement en récitant des prières. Il nous a beaucoup aidés, lui aussi.

À la toute fin, Helena n'arrivait plus à respirer. Le docteur a doublé sa dose de calmants, sans états d'âme. Elle s'est enfoncée dans un demi-sommeil. Je reverrai toujours sa main squelettique posée dans la paume de mon père. Il lui répétait qu'il l'aimait — c'était une litanie très douce, amour et larmes mêlés — et je crois bien que nous pleurions tous. Walter et moi étions adossés au mur, serrés l'un contre l'autre.

Pour finir, Helena s'est raidie dans une sorte de grand frisson. Les râles qu'elle émettait ont commencé à s'espacer, de plus en plus, jusqu'au dernier, qui n'est jamais arrivé. Rabbi Moses s'est approché : "Béni sois-Tu, Éternel notre Dieu, Roi de l'Univers, juge de vérité." Puis nous avons veillé le corps et Doris, qui était là, a pris toutes les formalités en charge. Et mon père n'a pas bougé. »

Alfred : « *Doris nous a téléphoné le jour même. Le corps d'Helena était en train d'être livré aux rites de purification. L'inhumation aurait lieu dès le lendemain. Comme Leah et Roy allaient s'y rendre aussi, nous n'avions d'autre choix que d'emmener David Jr. avec nous. J'ai réservé des places dans le premier avion pour New York.* »

Doris : « *Mon oncle était très entouré. La 'hevra kadisha[1] locale s'est montrée exemplaire. Une concession avait été achetée à Linden Hill pour la branche new-yorkaise de la famille. Helena a été la première à y être inhumée. L'éloge funèbre a été prononcé par Rabbi Moses. Nous portions tous des lunettes de soleil. Que vous dire ? Nous avons jeté de la terre sur le cercueil, nous avons récité des psaumes. Il faisait chaud pour la saison.*

Après la cérémonie, nous sommes restés chez mon oncle une semaine. Je veux dire, tous ! Nous dormions dans le salon, dans la cuisine, dans les couloirs. David Jr. s'était installé dans la baignoire. Personne ne voulait partir. Personne ne voulait laisser mon oncle seul. Trois fois par jour, ses amis orthodoxes se présentaient à la maison pour les prières traditionnelles. Nous nous rendions à la synagogue ensemble. Helena était un membre très respecté de la communauté. Conformément à la tradition, mon oncle avait cessé de se raser et de se couper les cheveux. Il déambulait, hirsute, récitant le kaddish aux heures les plus impromptues. On aurait dit qu'il traversait un rêve. »

Ralph : « *Mon père s'était préparé toute sa vie à la disparition de sa femme. Mais ça n'a pas suffi. Après la mort d'Helena,*

---

1. *Confrérie religieuse librement structurée, présente dans toute communauté juive, chargée d'exécuter les rites funéraires.*

il n'a plus été le même. Il est devenu, en quelque sorte, le vieux Juif atrabilaire qui sommeillait en lui. Le moment était venu de demander des comptes à Dieu. Plusieurs fois dans Manhattan, je l'ai vu brandir le poing devant un taxi imprudent. "Allez-y, écrasez-moi ! Il y a trop de Juifs pour vous, hein !" Mais ce n'était pas aux hommes qu'il en voulait. Une chose est de vivre dans l'amour et le respect du divin, une autre est de perdre la lumière de votre vie. De temps à autre, je l'entendais marmonner. "Va-t-en. Je n'ai plus besoin de Toi." C'était à Dieu qu'il s'adressait. Cela étant, j'ignore comment il s'en serait sorti sans le soutien de sa communauté. Beaucoup plus mal, je suppose. Les Juifs sont les spécialistes du deuil : ils vous forcent à le vivre et à le vivre maintenant. Mon père se laissait ballotter. Que pouvait-il faire d'autre ? »

Alfred : « Mes parents étaient rentrés, Shirley aussi : nous n'avons pas tardé à les suivre. J'avais pris beaucoup de retard dans mon travail et, du point de vue de Judith, David Jr. avait manqué l'école trop longtemps. Cette parenthèse m'avait rasséréné, néanmoins. J'avais été très heureux de revoir Ralph, et Walter, et Doris, qui nous rendait si rarement visite à Burbank ! Qu'y a-t-il de plus important que la famille ? Nous vivions des heures étranges, noires et solaires. Je sais à présent qu'un pressentiment m'habitait. Quelques jours plus tard, quand le téléphone a sonné et que j'ai entendu la voix de ma mère, j'ai compris. »

Doris : « L'accident a eu lieu sur Wilshire Boulevard, peu avant midi. D'après le conducteur, Roy a traversé en tournant la tête de l'autre côté. Un vrai destin de mathématicien, non ? (Elle-même se détourne.) Une Chevrolet Camaro a surgi, lancée

*à 50 miles de l'heure. Le corps de Roy a été propulsé sur le trot-
toir, un témoin nous a tout raconté. Il n'est pas mort sur le coup :
il a attendu d'arriver à l'hôpital. Nous aurions tous aimé —et
ma mère en premier— qu'il ait eu le temps de dire quelque chose.
Ça n'a pas été le cas. Il est parti comme il était arrivé, je crois :
en coup de vent. Ce que je retiens, c'est l'absolue brutalité de
l'annonce. L'esprit humain n'a pas réellement la capacité d'encaisser un choc pareil. Il dilue, il reporte, il temporise. J'ai mis
plusieurs jours à accepter que Roy était mort. La nuit, je me
réveillais brusquement, essoufflée. Je pensais "non, non". J'avais
l'impression de vivre sa mort. Je ne veux pas parler de ma mère.
Si vous tenez à lui poser des questions là-dessus, personne ne vous
en empêchera. Mais elle ne vous dira rien. Tout ce que je peux affirmer, c'est que Leah Mendelson n'a pas cessé de vivre.*

> October 18, 1974.
> Another tragedy, the accidental death of Roy,
> today. Words fail me, courage even more.
> Walter is taking care of the plane tickets.
> A feeling of intense persecution, of heinous
> solitude.
> My God, My God, why hast thou forsaken me?

JOURNAL INTIME DE DAVID. 18 OCTOBRE 1974. *Nouvelle tragédie.
Mort de Roy ce jour, par accident. Les mots me manquent, et la force plus
encore. Walter s'occupe des billets d'avion. Sentiment d'intense
persécution, de solitude infamante. Mon Dieu, mon Dieu, pourquoi
m'as-Tu abandonné ?*

Elle avait soixante-quinze ans lorsque c'est arrivé. Elle a gardé la tête haute. Elle n'a pas essayé d'effacer le souvenir de son mari. Elle l'a laissé — comment dire ? — elle l'a laissé devenir autre chose. Elle l'a laissé se fondre en elle. Au bout de quelques semaines, elle a revendu la villa et s'est acheté ce prodigieux petit appartement près de la mer, sur New Haverford Avenue : Pacific Palisades. Lorsque je lui rendais visite, je la trouvais parfois assise sur le parquet, des albums éparpillés autour d'elle, résumant les quarante années écoulées. "Je fais le ménage", disait-elle. Elle a fait le ménage pendant près de dix ans. »

Ralph : « Nous étions épuisés. La mort d'Helena nous laissait pantois. Joyce avait les oreillons, les nuits étaient peuplées de pleurs, et je devais m'occuper de l'agence presque seul : Walter avait pris quelques jours de vacances dans les Adirondacks. Le jour où il est rentré est le jour où Alfred m'a appelé. "Mon père est mort", c'est tout ce qu'il a réussi à bafouiller. Je suis sorti sur le trottoir pour humer l'air du matin. New York était empli de brume. J'ai allumé une cigarette et je me suis mis à jurer comme je n'avais jamais juré de ma vie. »

Alfred : « Perdre deux membres de notre famille coup sur coup, deux membres aussi généreux et estimés, a été très dur à encaisser pour nous tous. Nous avons mis des années à nous en remettre, je le comprends rétrospectivement : par exemple, Doris et Walter ne seraient pas partis en Chine si cela n'était pas arrivé. Ou ils seraient partis plus tard.
David Jr., lui, se montrait terriblement affecté. Il voulait à tout prix comprendre comment son grand-père était mort, il

exigeait sans cesse des détails. Je ne dis pas que sa vocation remonte à ce drame mais...

Quant à Scott... Je me souviens de lui, désemparé, les mains dans les poches. N'étant pas juif, mon père a été inhumé au Forest Lawn Memorial Park. Ma mère avait certes acheté une concession à deux pas, au Mount Sinai Memorial Park, mais ils seraient séparés, c'était plus ou moins la loi. Je revois Scott, oui, haussant les épaules tandis que nous prenions le chemin du retour. "Quelle connerie." Il avait dix ans. »

Doris : « *Shirley, Alfred et moi nous sommes réparti les tâches pour les funérailles. Roy n'était pas mon père au sens biologique du terme mais qu'est-ce que cela changeait ? Il était l'homme qui m'avait élevée, celui qui avait guéri mes doutes, celui qui m'avait prise sur ses genoux et montré la beauté du monde. L'enterrement a été sobre et rapide. Un prêtre a déclamé quelques sermons et Alfred a lu un passage de 2001 : L'Odyssée de l'espace que lui et Roy adoraient. Ralph et Walter se tenaient côte à côte, vêtus de longs pardessus noirs. Plus tard, nous sommes allés prendre un café et nous avons évoqué des souvenirs anciens, le temps béni des vacances et de nos jeunes années dorées. Tout le monde s'est rapidement dispersé. Trop d'émotions, plus de larmes à verser.*

Après cela, je suis restée habiter chez ma mère pendant près d'un mois. J'avais prévenu Washington ; j'avais emporté du travail. Shirley a passé quelques jours avec nous à Beverly Hills. De nous trois, elle était sans doute la plus fragile. Son troisième deuil, vous vous rendez compte ? Un mari, un enfant, un père. Que peut-on imaginer de pire ? J'ai beaucoup discuté avec elle. Douze ans nous séparaient. À ses yeux, j'étais restée l'éternelle "*grande sœur*", *un modèle rassurant et lointain. Scott et Tammy étaient là, eux aussi : furieux, désorientés. Je me faisais beaucoup de souci à leur sujet. Roy avait toujours confessé un faible pour Tammy. À Noël, il lui envoyait des cartes postales absurdes, truffées d'énigmes mathématiques à la Lewis Carroll. Ensemble, nous avons rangé quelques affaires. Et nous avons parlé de lui, des livres de vulgarisation mathématique qu'il avait écrits pour les enfants dans les années cinquante. J'ai donné à Tammy les exemplaires qui lui manquaient. Elle les a toujours avec elle aujourd'hui. Lorsque Shirley et les siens sont repartis à San Francisco, ma mère a paru s'affaisser. J'étais seule avec elle. Alfred passait parfois, mais il était débordé, et je voyais bien qu'il essayait de se noyer dans le travail.*

J'ai amené Leah chez un médecin pour qu'il lui prescrive des somnifères. Elle ne les a jamais pris. La nuit, je me levais et je la regardais, debout devant la baie vitrée avec la ville en contrebas, si belle, si formidablement inhumaine. Elle se retournait lentement, un drôle de sourire aux lèvres. Je la prenais dans mes bras et je l'installais sur le sofa, avec toute la douceur dont j'étais capable. Elle me disait de ne pas m'inquiéter. Cette année-là, elle a perdu vingt livres : bien plus que le poids de son cœur. »

1975-1985

pas une fin

POP ! LE BOUCHON JAILLIT DANS LES AIRS. Nous sommes le 24 février 1975 à Burbank, et Alfred et Judith, accompagnés d'un ami français, fêtent au champagne la condamnation à la prison de trois conseillers de Nixon, jugés pour l'affaire du Watergate.

« *Pendant ce temps, se rappelle le fils de Leah avec un demi-sourire, ce salopard jouait au golf à Palm Desert et, bien entendu, nous enragions de le savoir en liberté. Mais c'était une vraie jubilation de pouvoir se dire que lui et les siens avaient été mis définitivement hors d'état de nuire. Ford était notre nouveau président, la guerre du Vietnam touchait à sa fin, une page se tournait enfin. Nous avons allumé des cigares, Jean-Pierre et moi, et la bouteille a été vidée en un clin d'œil. C'est alors que David Jr.*

est apparu sur le seuil du salon, les yeux embués de sommeil. Il devait être plus de minuit. Un doigt accusateur était pointé dans notre direction. "Trief !" Ce qui, dans la bouche de notre fils, signifiait "mauvais", "impropre à la consommation", "moralement répréhensible". La honte a assombri nos visages. À sa demande expresse, David Jr. avait fréquenté dès le jardin d'enfants la Sinai Akiba Academy de Wilshire Boulevard, une école juive assez conservatrice fondée quelques années auparavant avec pour ambition de nourrir au maximum la "curiosité spirituelle" de ses jeunes pensionnaires. Ma mère avait abondé en son sens. Ces deux-là s'entendaient comme larrons en foire et elle avait détecté chez lui (prétendait-elle) une "soif de Dieu" hors du commun. Le 25 au matin, je lui ai passé un coup de fil. C'était à peu près la centième fois que nous avions une discussion au sujet de cette école. Personnellement, je la trouvais trop stricte, trop sérieuse, trop éloignée de nos propres intérêts, à Judith et à moi. "Trop juive ?" a demandé ma mère. Je n'ai pas pris la peine de lui répondre. Elle avait réglé l'essentiel des frais de scolarité : j'étais bel et bien piégé. Une fois encore, j'ai dû faire face au torrent de son indignation. J'étais le fils athée, le plaisantin pervers qui foulait le Shabbat du pied, rejetait la casherout avec désinvolture et acceptait à peine de fêter Hanoukka. Pire que tout, j'empêchais mon fils de suivre sa voie. "Je ne suis pas l'une de ces harpies ultra-orthodoxes qui refusent pratiquement de sortir de chez elles, a conclu ma mère sur un ton qui ne souffrait pas de réplique. Drai mir nit kain kop[1] ! J'ai été mariée à un protestant pendant près de quarante ans ! Mais crois-tu que ton grand-père serait fier de toi, mon fils ? Sans parler de ton oncle, qui te porte tellement aux nues." Elle a raccroché sans me laisser

---

1. « Ne m'embête pas ! »

le temps de répondre. Avec l'âge, elle devenait de plus en plus juive.
Bon sang, conclut-il, nous nous aimions tellement. »

> March 4, 1975
> David Jr. phoned this morning. A load of
> projects. To save the world? Still as enthused,
> in any case, still as happy at the Sinai Akiba
> Academy, the Lord be praised. His voice is
> a ray of sunshine, his words a balm to the
> pains of old age.

JOURNAL INTIME DE DAVID. 4 MARS 1975. *David Jr. au téléphone ce matin.*
Déborde de projets. Sauver le monde ? Toujours aussi enthousiaste en tout cas,
toujours aussi heureux à la Sinai Akiba Academy, l'Éternel soit loué. Sa voix est
un rayon de soleil, sa parole un baume sur les douleurs de mes vieux jours.

Évidemment, David Jr. n'a rien perdu de cette nouvelle
passe d'armes. Avec une petite moue de mépris, il retourne
dans sa chambre et ouvre un livre de classe.

Le fait est indéniable : dès ses premières années, le fils
de Judith et d'Alfred fait montre d'un surprenant intérêt
pour la chose religieuse. Ses maîtres de la Sinai Akiba
Academy louent la grandeur de sa piété et son immuable
finesse d'esprit. L'école en question, qui existe toujours
aujourd'hui, accueille les enfants juifs jusqu'au lycée. C'est

un établissement plutôt strict, aux conditions d'admission sévères et aux tarifs sérieux, qui entend inculquer aux élèves, dès leur plus jeune âge, un « sens positif de l'identité juive ». David Jr. étudie les textes sacrés, apprend l'hébreu et s'initie aux rites. Chaque matin que Dieu fait, son père le conduit en voiture vers le 10400 Wilshire Boulevard.

✺

En novembre 2002, David Jr. a trente-six ans. Depuis quelques années déjà, il exerce la médecine en tant que neurochirurgien —une profession dans laquelle, de l'avis général, il excelle. Blond, élancé, d'une gentillesse et d'une politesse à toute épreuve, il me reçoit pour une conversation à bâtons rompus dans son vaste bureau du Cedars Sinai Medical Center.

David Jr., d'où vous est venue cette passion pour la religion juive ?
(Il se gratte la tête.) *Passion ? Le terme est peut-être un peu exagéré. Je préférerais « intérêt soutenu », si vous le voulez bien. Disons que, jusqu'à mon voyage en Israël[1], je faisais preuve d'une dévotion surprenante pour mon âge. Je suppose que ma grand-mère n'est pas étrangère à cela. Elle possédait une cohorte d'amis rabbins dont les barbes prophétiques produisaient sur mon jeune esprit une impression considérable. On peut aussi évoquer des dispositions naturelles. Je nourrissais un amour immodéré pour Dieu, je prenais mon enseignement très au sérieux, je me prenais, moi, très au sérieux.*

---

1. *Voir page 214.*

Vos parents n'étaient pas pratiquants.
Ma mère était plus superstitieuse que croyante. Mon père se moquait d'elle. Il appréciait certains côtés de la religion juive mais nourrissait une méfiance instinctive à l'égard des orthodoxes et de leurs caftans, chapeaux de feutre et autres tefillins. Il avait hérité de son propre père, je crois, un goût prononcé pour le rationalisme et le doute nécessaire. Sa vision du monde était très prosaïque — elle l'est d'ailleurs restée. Il est probable que la mort de ma cousine Debra l'ait énormément marqué. Quel Dieu inique avait pu permettre une telle infamie ? La question l'obsédait.

Et vous ?
J'ai assisté à l'enterrement de mon grand-père. J'avais huit ans. Ce n'était pas un enterrement juif et j'en étais désolé. J'étais inquiet pour le salut de son âme.

Vous ne mettiez jamais en doute la parole divine ?
Pour quoi faire ? À mes yeux, l'adversité et le malheur étaient autant d'épreuves envoyées par le Très-Haut. Les rabbins disposaient de plus de réponses qu'il n'existait de questions. Je leur faisais joyeusement confiance.

Votre père m'a assuré que vous aviez été « formidablement heureux » à la Sinai Akiba Academy. Vous confirmez ?
(Il sourit doucement.) L'environnement était pourtant hostile. Beaucoup d'enfants de familles très fortunées. Mais j'aimais l'adversité. Je tirais fierté de ma position. À la maison, j'observais seul le Shabbat, je disais seul les prières, ma mère était forcée de me faire la cuisine casher et je passais mon

SEPTEMBER, 2002

A School *for the* Mind, *the* Heart, *the* Soul

Sinai Akiba Academy provides a superior general and Judaic education, engaging children in both the joy and discipline of learning. We introduce students to a life of personal growth, sensitivity, responsibility and intellectual inquiry, shaped by Jewish practices and informed by a respect for diversity of thought

Tous les ans, David Jr. reçoit des nouvelles de son ancien établissement : « une école pour l'esprit, le cœur, l'âme. »

temps à fustiger la conduite immorale de mes semblables : je ne sais pas si mes parents étaient « formidablement heureux », pour leur part.

Votre père prétend qu'il lui a fallu beaucoup de temps pour vous connaître.

Je peux entendre ça. À moi aussi, il m'a fallu du temps. Mais j'ai toujours eu beaucoup de respect pour lui et pour ma mère. Nos maîtres nous apprenaient à ne pas juger.

Fustiger, mais ne pas juger ?

(Il rit.) Oui. J'étais jeune, pétri de contradictions obtuses. Cette école n'était certainement pas l'éducation dont ils avaient rêvé pour moi. Pourtant, ils m'ont laissé suivre ma route. Aujourd'hui encore, je leur en suis très reconnaissant.

Avez-vous gardé des amis de cette période ?
Un ou deux. Je reçois le bulletin des anciens élèves, j'ai eu l'épouse d'un de mes coreligionnaires comme patiente.

Quels souvenirs gardez-vous de cette époque – le milieu des années soixante-dix ?
En ce qui me concerne, le monde tournait autour de Dieu. J'étais, je suppose, un enfant passablement structuré et doté d'une ambition sans faille. Mon souvenir le plus fort est celui de la route qui menait à mon école : nous avons dû l'emprunter plus de deux mille fois, mon père et moi. Tous les matins, il me conduisait. Le trajet durait quarante minutes. Tous les soirs, il venait me chercher, sauf quand c'était ma grand-mère qui s'en chargeait, le vendredi. Un taxi m'attendait, alors. Je passais souvent le week-end chez elle.

Vous observiez le Shabbat tous les deux ?
Disons que c'est arrivé de façon très régulière à partir de mes huit ou neuf ans. Nous suivions les rites avec beaucoup de soin, en effet. En ma grand-mère, je voyais une alliée devant Dieu. Je conserve des images très tendres de ces week-ends hors du temps. Le soir venu, nous sortions dans la rue, elle me donnait la main, nous marchions sans un mot et, parfois, nous descendions jusqu'à l'océan. Ma grand-mère adorait marcher. Un comble à Los Angeles !

Reparlons de cette route, vous voulez bien ?
Je pourrais la descendre les yeux fermés. De Mariposa Street, nous prenions la Ventura Freeway pour la Route 405, qui longeait Bel-Air vers le sud. Mon père ne parlait jamais, il

écoutait la radio — Queen, les Bee Gees, Elton John : tous ces chanteurs que nos maîtres considéraient d'un œil plus que suspect. Mais c'était une très belle route, et j'aimais être avec mon père, derrière le panorama immense des collines...

J'aimerais que nous parlions quelques minutes de votre père. De la mort de son père à lui. Comment a-t-il pris la chose, de votre point de vue ?
Difficile de vous répondre. Mes capacités de discernement étaient limitées à l'époque. Je vivais dans l'amour inconditionnel du divin. La mort pouvait être une douleur, mais en aucun cas une fin.

Vous le pensez toujours aujourd'hui ?
(Il réfléchit.) D'une certaine façon, oui. Explorer les méandres du cerveau humain n'a pas asséché ma foi. Le mystère originel subsiste. Plus la science devient précise, plus elle s'éloigne de son objet. J'ai la certitude que nous ne saurons jamais tout. Quant à estimer la place de Dieu dans tout cela...

Revenons à votre père...
Oui. (Il rit.)

Quel genre d'homme était-il à vos yeux ?
Lira-t-il ma réponse ?

Il y a des chances...
Oh, je ne sais pas pourquoi je demande ça. Nous n'avons pas de secret l'un pour l'autre. Disons que je voyais mon père comme un homme perdu, égaré, presque infantile. Je grossis

le trait à dessein, n'est-ce pas ? Il me semblait... vulnérable
— comme me paraissaient vulnérables toutes les âmes qui
n'avaient pas trouvé refuge en Dieu. Mais cela n'a rien à voir
avec l'amour. Très rapidement, j'ai pris la mesure des sacri-
fices faramineux qu'il consentait pour moi. À commencer
par ces interminables voyages en voiture : près de trois heures
par jour derrière le volant.

Vous parliez tout à l'heure de votre ambition. Je suppose
qu'elle s'appliquait au domaine scolaire. À quand faites-
vous remonter la naissance de votre vocation ?
Je n'ai opté pour la neurochirurgie que sur le tard. Mais j'ai tou-
jours su que je voulais soigner les gens.
Un jour — j'avais neuf ans —, la mère de mon meilleur ami de
l'époque, un certain Yizrah, est venue chercher son fils en classe.
Le père de Yizrah, un rabbin, s'était blessé en élaguant des
branches. Son échelle avait glissé et il était mal retombé.
Yizrah habitait Bel-Air. Sa famille était très religieuse. J'étais
allé chez lui une paire de fois et j'en étais ressorti particuliè-
rement impressionné, par ce rabbin surtout, qui caressait
rêveusement sa barbe et parlait avec une voix de miel.
Le lendemain, Yizrah n'est pas venu à l'école. Son père était
plongé dans le coma, il était soigné chez lui, le pronostic était
plus qu'incertain. Nos maîtres, évidemment, restaient en
contact régulier avec la mère. Une semaine plus tard, j'ai
appris que l'un d'eux allait se rendre sur place, pour discuter
avec la mère de Yizrah et pour prier. Je l'ai supplié de m'em-
mener avec lui : Yizrah était mon meilleur ami, j'avais
énormément de peine pour lui, je voulais prier moi aussi. Le
maître a accepté. Il a téléphoné à mon père pour le prévenir.

Il était convenu qu'il me raccompagnerait ensuite. Nous sommes donc partis. Spectacle impressionnant, pour une jeune âme, que celui de la vie artificielle. Le père de Yizrah était relié au monde par un attirail de tubes et de machines. Aux côtés de mon maître, et de Yizrah, et de sa mère, je me suis mis à prier Dieu de toutes mes forces. Je me souviens avoir pesté contre mon impuissance. Tout cela était bien beau, mais si Dieu avait décidé autre chose pour cet homme ? Si Dieu avait décidé de le laisser venir à Lui pour une raison connue de Lui seul ?

Le père de Yizrah est mort un mois plus tard sans avoir jamais repris connaissance. J'ai continué à réfléchir, obstinément. Il pouvait, il devait exister une autre raison à cette mort : Dieu n'avait jugé personne assez digne de sauver le père de Yizrah. Il avait mis les choses dans la balance : d'un côté, ramener un homme juste et bon à Sa lumière, de l'autre, donner à l'un de Ses fidèles l'occasion de se distinguer. Personne ne s'était manifesté. C'était un raisonnement singulier mais valide. Il ne fallait pas compter uniquement sur Dieu pour sauver les hommes. Dieu n'était pas toujours bien disposé, ou bien Il avait d'autres problèmes en tête, les maîtres ne nous le répétaient jamais assez. Nous devions nous prendre en main. 1975 : l'année de la révélation.

1975 est aussi l'année où vous avez déménagé à Mariposa Street.

Oui. C'est l'année où mon père a touché, de son vivant, l'héritage de ma grand-mère. Depuis quelque temps, les Mansell — les amis avec lesquels nous partagions la maison — n'habitaient quasiment plus là, ce qui fait que nous n'avons guère eu plus de place lorsque nous avons fait nos bagages pour nous installer à Mariposa Street. Mais mes parents étaient heureux d'avoir un endroit à eux.

Que faisait votre mère ?

Toujours libraire. Elle lisait énormément. Elle traduisait, aussi, du français à l'anglais — des manuels d'horticulture. Elle adorait le jardinage, les plantes exotiques, les fleurs tropicales, les cactus. Nous possédions un petit carré de terre ; elle en a toujours pris grand soin.

🌾

1975, enfin, est le moment où Shirley vient reposer ses valises à Los Angeles.

Âgée de vingt ans, Tammy en a péniblement terminé avec le lycée. La maison de Parnassus Avenue a été revendue.

« *Maman était pressée de rejoindre son frère et sa mère à Los Angeles, explique sa fille. Inconsciemment, j'avais sans doute tout tenté pour retarder cette échéance en sabotant mes études : l'idée de quitter mes amis ne m'enchantait pas le moins du monde. Mais maman ne pouvait plus supporter la vie à San Francisco sans son époux et sans Debra. On lui avait promis que le chagrin finirait par s'atténuer, et elle ne voyait rien venir. Tout lui rappelait mon père : chaque rue, chaque détail, Carol et Norman, et la maison, surtout : comment avions-nous pu demeurer aussi longtemps enfermés dans ce sanctuaire ? Maman voulait revivre. Elle ressentait un besoin pressant de retourner vers le sud, là où elle avait été autrefois heureuse. J'en ai parlé avec elle, il y a quelques années. Elle m'a avoué qu'elle*

L.A. September 26, 1975

My dear big brother who is slowly finding once more the way to god,

Shirley has finally settled down in her house on Mulholland Drive. You must come and enjoy the view one day. You won't believe your eyes. My daughter says she is waiting for you. She's waiting for her "old cantankerous uncle from New York". The children are well, as well as can be. Tammy is quite a beautiful young woman, a kalleh woid! I do not remember when you last saw her, but may god protect us from her numerous suitors! As for Scotty, ha, what a yingatsh the lad is! Lazy, boastful, excited... I can assure you, David Mendelson, his mother will have a handful with that boy.

Leah

LETTRE DE LEAH À DAVID. *L.A., le 26 septembre 1975*
Mon cher grand frère qui retrouve lentement le chemin de Dieu,
Shirley est enfin installée dans sa maison de Mulholland Drive.
Il faudrait que tu viennes admirer cette vue, un jour. Tu n'en croirais
pas tes yeux. Ma fille t'attend, dit-elle. Elle attend son « vieil oncle
new-yorkais atrabilaire ». Les enfants vont bien, aussi bien que possible,
Tammy est une vraie jeune femme, une beauté, une kalleh *moid*[1] *!*
Je ne sais plus quand tu l'as vue pour la dernière fois, mais Dieu nous
préserve de ses innombrables prétendants ! Quant à Scotty, ah, quel
yingatsh[2] *que celui-ci ! Paresseux, fanfaron, exalté... Je te l'affirme,*
David Mendelson, sa mère aura bien du souci avec ce garçon. Leah

---

1. « Fille en âge de se marier »
2. « Polisson »

avait toujours pensé partir : dès le premier jour. Si elle ne l'avait pas fait, c'était pour que nous puissions accomplir notre deuil, collectivement. Son amour pour mon père ne s'était nullement amoindri. Il était lumineux, aveuglant, plus vivace que jamais. Mais il n'y avait plus rien à attendre de ce côté-là. Tout aussi bien, elle pouvait retrouver le soleil. »

Shirley n'a pas touché à l'argent que lui a donné sa mère : celui laissé par Frank, couplé à l'assurance vie qu'il a sous-crite pour elle et à la vente de la maison de San Francisco, a largement suffi. « *Le reste, assure Tammy, elle nous le des-tinait.* »

La jeune femme se débrouillera bien sans. Et Scott ?

Belle de jour

Vagues de chaleur dans les collines de Los Angeles : le paysage tremblote, il est midi sur Mulholland Drive, nous sommes en juillet 1975, et Shirley pousse un cri de ravissement. Depuis l'aube, elle sillonne avec Alfred le paysage de ses premières années à la recherche d'une révélation et une maison vient d'apparaître, « la » maison, au-dessus de la ville, avec un panneau « à vendre »cloué à la porte. La jeune femme sent son cœur se serrer : c'est ici, c'est ici qu'elle veut vivre désormais, dans les lieux de son enfance, avec Scott et Tammy et son frère et sa mère.

Les portières claquent, le moteur se tait, Shirley s'approche à petits pas. L'intérieur est en piteux état. Un calepin plaqué sur le mur, Alfred recopie le numéro de téléphone de l'agence. « *Sept jours plus tard, raconte-t-il, l'affaire était dans le sac. C'était cette maison et pas une autre. Ma sœur a emménagé promptement et entamé les travaux de rénovation intérieure dès le mois d'août. Elle s'est aussi occupée du jardin. En quelques semaines, elle a métamorphosé l'endroit.* »

Près de trente ans ont passé et la maison appartient toujours à Tammy et à Scott. Évidemment, ils n'y habitent plus : elle est désormais louée à un ami de Kenneth (le mari de Tammy) qui leur en laisse les clés chaque fois qu'il part à l'étranger, c'est-à-dire souvent. Au moment où je commence à travailler à ce chapitre, il se trouve à Paris pour trois mois. Chargée d'arroser les plantes et de tailler les haies, Tammy m'a donné rendez-vous là-haut pour notre deuxième entretien.

Écran géant extra-plat, meubles de designers épurés, larges baies vitrées surplombant la cité : l'actuel locataire, par ailleurs marchand d'art, a décoré l'endroit avec goût. La nuit est tombée, nous sommes en 2004 et Los Angeles s'offre à notre vue comme dans un film à grand spectacle. « *Vous buvez quelque chose ?* » Tammy, qui porte une robe de soirée noire particulièrement seyante, est installée à la table du salon où elle compulse un vieil album photo. À ses côtés est posé un exemplaire écorné de l'*American Psycho* de Bret Easton Ellis. J'hésite à accepter. En vérité, un verre m'a déjà été servi : il m'attend sur le comptoir de la cuisine. Je remercie, lève le verre à sa santé, tire une chaise. J'ai expliqué à Tammy que je voulais parler de son frère.

Sans même attendre mes questions, elle se lance. « *Maman avait inscrit Scott à Buckley, un collège privé de*

Sherman Oaks dans la Vallée, qui n'accueillait – pardonnez-moi l'expression – que des gosses de riches. Elle réglait les frais en piochant dans l'héritage de sa mère. Je ne sais pas pourquoi elle s'est sentie obligée de faire ça : sans doute avait-elle besoin de savoir qu'elle lui donnait toutes ses chances. Mais je ne suis pas sûre que c'était la solution idéale pour Scott. Oh, Buckley était un collège honorable, aucun doute là-dessus. Seulement, la plupart des autres élèves étaient fils de cinéastes ou d'acteurs, vous voyez ce que je veux dire ? Scott avait onze ans. C'était un adolescent plutôt solitaire, à qui nous ne connaissions pratiquement aucun ami. En définitive, il n'en avait qu'un, qui lui ressemblait un peu. » J'avale une gorgée de vin, attends sagement la suite.

« J'ai cru comprendre que vous étiez un aficionado de Bret Easton Ellis », murmure Tammy. Je suis bien forcé d'acquiescer. Elle désigne American Psycho. « Ouvrez-le. » Je m'exécute. Sur la page de garde, une dédicace a été inscrite en hâte : « À Scott le désœuvré, compagnon d'infortune : qu'est-ce que je t'avais dit ? » Je repose le livre, perplexe. « Je ne suis pas sûr de comprendre. » Tammy sourit. « Scott et Bret étaient dans la même classe. C'était lui, l'ami en question. Il est venu plusieurs fois à la maison. Un garçon chic, mais un brin dédaigneux. Je ne sais pas très bien ce qu'il pensait de moi. Un jour, il a dit à mon frère que j'étais "probablement bandante". Je suppose que c'était un compliment, surtout venant d'un jeune imbécile dans son genre. Mais j'exagère. Il était différent, ça se sentait tout de suite. Doté d'une capacité d'observation remarquable. Il avait toujours ce regard étonné, faussement ironique. Plus tard, il est parti pour Bennington College et ça a été un véritable déchirement pour Scott. Ils formaient *la paire, tous les deux. Musique, littérature, ils s'intéressaient aux mêmes choses. Quelques années plus tard, Bret est devenu l'un des plus grands écrivains américains de son temps. Des plus influents en tout cas. »*

Je la dévisage, étourdi. J'ai sorti mon enregistreur de ma poche mais je n'ai pas encore glissé la moindre cassette dedans. Suis-je sous le charme, moi aussi ? « *Nous allons parler un peu de vos vingt ans, dis-je, j'espère que ça ne vous dérange pas.* » Elle secoue la tête, considère son verre, porte un toast à son tour. «*À votre projet.* » Les verres s'entrechoquent. Cette fois, j'appuie sur « play » et « record ».

À vingt ans, Tammy, vous en avez enfin fini avec le lycée et vous arrivez à Los Angeles où vous ne connaissez personne. Quelles sont vos impressions ?

J'ai vécu une scolarité difficile, je ne m'en cache pas. Un ennui incommensurable. J'ai fait mon possible pour ne pas trop décevoir maman. Le déménagement a été traumatisant : je laissais plusieurs excellentes amies à San Francisco, et Los Angeles m'apparaissait comme une ville hostile et incompréhensible. Maman m'a acheté une petite voiture d'occasion – une Austin Marina – et je me suis inscrite dans une école de secrétariat au cœur de la Vallée, sans aucune conviction. Je n'avais pas la moindre idée de ce que je voulais faire de ma vie.

Lors de cette première année, j'ai passé beaucoup de temps chez ma grand-mère, et quelques longs week-ends chez mon oncle aussi. Mais je me sentais tout de même très seule. Les autres filles de l'école me regardaient de haut parce que je venais d'un milieu privilégié et que j'habitais dans les collines. J'aurais dû leur cacher tout cela. J'étais excessivement naïve.

Vous avez dû comprendre rapidement que vous ne vouliez pas être secrétaire.
Oui ! (Rires.)

Aviez-vous un petit ami à l'époque ?
J'en ai eu un, oui, pendant quelques mois. Un certain Lawrence Garner, le frère d'une condisciple. Il avait trente ans. Ça n'a pas vraiment marché entre nous.

Pourquoi ?
Parce qu'il m'aimait, alors que, moi, j'étais seulement amoureuse et fière d'avoir un boyfriend moustachu qui venait me chercher à l'école au volant d'une Lancia Stratos.

Il était pilote ? (Rires.)
Non. Agent commercial, ou quelque chose de ce genre. Ses parents habitaient Santa Monica. Il voulait me présenter à eux, il parlait fiançailles, etc. Sa sœur m'a immédiatement prise en grippe. J'ai préféré mettre de la distance.

Autre anecdote à signaler pour l'année 1975 ?
Ma grand-mère m'a fait rencontrer un rabbin. Elle voulait que je m'inscrive dans un cercle d'études religieuses pour jeunes filles.

Et ?
Je n'ai pas marché dans la combine. (Rires.)

Arrive juillet 1976. Le 4 juillet, pour être plus précis.
Voilà : mon grand-oncle David nous avait invités à New York pour assister aux festivités de commémoration du bicentenaire

L'IMMENSE VOILIER CHILIEN *ESMERALDA* ENTRE DANS LA BAIE DE NEW YORK (CLICHÉ DE WALTER MENDELSON, 4 JUILLET 1976).

de la Déclaration d'indépendance des États-Unis. Les deux cent vingt-cinq plus grands voiliers du monde, représentant pas moins de trente pays, devaient être rassemblés dans la baie de New York. C'est ce qu'on nous promettait en tout cas. Des feux d'artifice étaient également annoncés. Par l'entremise de l'agence, Ralph et Walter avaient obtenu des pass exclusifs pour une fête privée donnée par l'un de leurs clients au vingt-quatrième étage de la tour sud du World Trade Center. David tenait absolument à ce que toute la famille participe à cette party, il avait fait des pieds et des mains pour ça. Des billets d'avion nous ont été adressés par la poste. Nous n'avons pas eu le choix.

Et tout le monde est venu ?
Loin de là. Ma grand-mère devait se faire ôter des varices dans la semaine, et la date de l'opération était non négociable. Quant à Alfred, il avait des délais professionnels importants

à respecter. Seule maman a répondu à l'appel. Et Doris.

Quand êtes-vous arrivés à New York ?
Le vendredi 2 en fin de matinée. Le lendemain, c'était Shabbat, mon grand-oncle n'était pas disponible. Nous avons donc été hébergés par Ralph et Joan. Doris dormait chez Walter, il me semble.

Cette parade a dû être un grand moment.
C'en a été un, même si je feignais de m'ennuyer mortellement, et que Scott, lui, s'ennuyait pour de vrai. Maman était aux anges. Les rues de New York étaient noires de monde, il y régnait une ambiance très festive. Il faut dire que nous avions été copieusement préparés à l'événement : des émissions de télé plusieurs mois à l'avance, des timbres commémoratifs, des assiettes, des stylos, des t-shirts aux couleurs de l'Amérique, et même des bouteilles de Dr Pepper[1] !
Nous ne savions rien des gens qui nous accueillaient dans la tour. Tout ce dont je me souviens, c'est que le buffet était gargantuesque et la vue, somptueuse. David avait apporté plusieurs paires de jumelles. Coupe à la main, nous regardions approcher les voiliers dans la baie — une véritable armada. Maman était émerveillée. Il y en avait des quatre coins du monde ! Plus tard, j'ai discuté avec des gens que je ne connaissais ni d'Ève ni d'Adam, et j'ai oublié presque instantanément leurs noms.

Quel était ce « client » qui vous invitait ?
Aucune idée. Un genre de journal économique, je crois, mais je ne saurais l'affirmer.

---

1. Marque de soda américain.

Et que faisait David McCabe ici ?
(Elle sourit.) *Ah, vous savez déjà tout.*

Presque. Mais je crois qu'il serait bon d'apporter ici quelques précisions à nos lecteurs. David McCabe était un photographe, n'est-ce pas ?
Il l'est toujours. Un photographe de mode anglais, qui n'avait pas quarante ans à l'époque, mais avait déjà travaillé avec Andy Warhol, lequel l'avait invité à le suivre au quotidien pendant une année entière. Deux mille cinq cents clichés en étaient sortis, qui n'avaient toujours pas été publiés[1]. David avait été embauché pour immortaliser la soirée, en quelque sorte. Deux ou trois portraits, quelques photos de la parade nautique, etc.
À un moment, nous nous sommes trouvés tous les deux à la fenêtre. Nous avons commencé à discuter. C'est là que j'ai appris pour Andy Warhol. Personnellement, je n'étais pas excessivement fan de son travail mais j'en avais déjà entendu parler, bien sûr, je connaissais la plupart de ses œuvres, et je savais qu'il avait failli se faire tuer en 1968 par une militante féministe. Donc, j'étais impressionnée, pour le moins. David, cependant, était un homme charmant, d'une grande humilité. Il m'a tout de suite mise à l'aise. De fil en aiguille, j'ai appris qu'il travaillait, ou avait travaillé, pour Life, Mademoiselle, Harper's Bazaar *et le* Times, *et même pour* Elle *et l'édition française de* Vogue. *J'étais conquise. Je l'ai été dix fois plus lorsqu'il m'a glissé sa carte.*

Vraiment ?
Les premiers feux d'artifice venaient d'être tirés au-dessus de la baie. Nous jouissions d'un point de vue incroyable et tout le

---

1. *Ils le furent finalement en 2003, dans le livre* A Year in the Life of Andy Warhol.

monde s'était précipité aux fenêtres — certains étaient même montés sur les tables. David McCabe, qui se tenait en retrait et me dévisageait en plissant les yeux, a fini par me demander si j'avais déjà songé à poser. À quoi j'ai répondu non, bien sûr. Je pensais qu'il se moquait de moi. Mais il m'a conseillé d'y réfléchir et de l'appeler si l'envie me prenait de tenter l'aventure. Après quoi il s'est volatilisé.

Quelques minutes plus tard, mon grand-oncle, qui n'avait sans doute rien perdu de la scène, est venu me trouver pour me demander si j'allais bien. Je lui ai pressé le bras. « Ne t'inquiète pas », ai-je répondu. En vérité, j'étais complètement tourneboulée.

Comment s'est terminée la soirée ?

Tout était devenu trop bruyant, je n'avais plus goût à la fête. Avant de partir, dans le miroir des toilettes, je me suis observée longuement. On m'avait toujours dit que j'étais belle — non pas jolie, mais « belle », je le précise sans la moindre modestie — mais je n'y avais jamais réellement prêté attention.

À présent que j'y repensais, je commençais à me demander ce que signifiait vraiment ce mot : « belle ». Tous mes petits amis, sans exception, avaient fait montre d'une effroyable jalousie. « Tu te rends compte de la façon dont les hommes te regardent ? » m'avait un jour demandé l'un d'eux. Par « hommes », il n'entendait pas « garçons » : il parlait bien des adultes, des hommes mariés, des gentlemen en âge d'apprécier la beauté d'une femme. Oh, je commençais à être saoule et quelqu'un tambourinait à la porte. Je suis sortie en trombe. C'était maman, qui avait parlé à son oncle et me cherchait partout. Elle m'a posé des questions auxquelles j'ai été incapable de répondre. J'ai affreusement mal dormi cette nuit-là.

Et le lendemain...

Le lendemain, j'ai appelé David Mc Cabe, naturellement. Il
possédait un studio au Village, enfin, c'était le studio d'un
ami, mais je pouvais passer sans problème. Ce que j'ai fait,

July 5, 1976
Exciting day yesterday with a really superb
show: we attended the festivities behind the
glass walls of the World Trade Center. An
impregnable view, fireworks and a tasty
kosher buffet. Shirley is worried: Tammy
spent a long time with a photographer
apparently too generous with his compliments.
She wonders what the outcome will be. Well,
as for me, I found the boy very calm and
professional. But one has to realize that more
and more, Tammy's beauty has the effect of
a magnet on the male species.

JOURNAL INTIME DE DAVID. 05 JUILLET 1976. *Journée exaltante hier, spectacle*
réellement somptueux : avons assisté aux festivités derrière les vitres du World
Trade Center. Vue imprenable, feux d'artifice, et un délicieux buffet casher.
Shirley est inquiète : Tammy a passé beaucoup de temps avec un photographe
apparemment peu avare de compliments. Elle se demande ce qui va ressortir
de tout cela. Eh bien, j'ai trouvé ce garçon très calme, pour ma part, et
très professionnel. Mais force est de reconnaître que la beauté de Tammy agit
de plus en plus comme un aimant sur la gente masculine.

prétextant une course. Je portais une minijupe, ce jour-là, la chaleur était étouffante. Ma mère a secoué la tête, inquiète. Mon frère a ricané. Je m'en fichais.

Quelle a été la réaction de David McCabe ?
Rien de tangible. C'était un professionnel. Une maquilleuse s'est occupée de moi. Elle m'a coiffée un peu, puis nous avons fait une série de photos en studio et en extérieur. Je n'avais jamais posé de ma vie, ça se voyait. David s'est montré très patient. Il m'a promis qu'il allait transmettre mes clichés à des amis. « Y a-t-il un endroit où je peux te rappeler ? » Je lui ai expliqué que je vivais à Los Angeles mais que j'étais à New York pour quelques jours. Je lui ai donné le numéro de Ralph et de Joan.

Vous deviez mourir d'impatience.
Pas du tout. Je ne comprenais pas réellement ce qui se jouait. J'étais très heureuse de savoir qu'un photographe professionnel s'était intéressé à ma petite personne mais cela n'allait pas plus loin. Il ne m'avait même pas précisé qui étaient ses « amis ».
Nous avions prévu de rester jusqu'au samedi suivant. Le mercredi matin, Bruce est venu me trouver. « Quelqu'un qui veut te parler au téléphone. » C'était David Mc Cabe. L'une des directrices de casting de Ford Models voulait me rencontrer. Je ne savais pas ce qu'était Ford Models ; je le lui ai dit. Un silence embarrassé s'est installé. Il était tellement indulgent et patient ! Dans les années soixante-dix, Ford n'était rien moins que la principale agence de mannequins de New York, peut-être même des États-Unis. C'était avant qu'Elite et les autres n'entrent dans la course. David m'a expliqué en quelques mots de quoi il retournait. J'ai été prise de vertige. « Il doit y avoir une erreur »,

ai-je murmuré. J'étais la parfaite ingénue : on aurait dit que je jouais un rôle. David m'a donné rendez-vous dans les bureaux de l'agence, sur la 5ᵉ Avenue. J'ai été reçue par Eileen Ford en personne : la cofondatrice.

Vous deviez être tétanisée.

Vous pouvez le dire. Mais Eileen a fait preuve d'une immense gentillesse. À cette époque, il faut bien comprendre que le mannequinat en tant qu'industrie n'en était qu'à ses balbutiements. Comme je l'ai expliqué, Ford Models était pratiquement le seul acteur du marché. Les tout premiers contrats modernes venaient à peine d'être signés. Eileen m'a prise sous son aile. Pour commencer, elle a commenté les clichés que David lui avait envoyés. Son œil était impitoyable. À ses yeux, les femmes étaient des diamants bruts : seul le meilleur des joailliers pouvait faire ressortir leur beauté véritable.

Elle ? Elle s'occupait de l'écrin. Elle m'a posé des questions pendant une heure. D'où venais-je, qu'avait été ma vie jusqu'à présent, me connaissais-je un petit ami, étais-je attachée à ma mère, de quelle nature étaient mes rêves, quel genre de vêtements aimais-je porter, avais-je une couleur préférée, mes sports de prédilection, mon type d'homme, le genre de soirée où j'aurais aimé être invitée, mon premier salaire de vacances, etc.

En guise de conclusion, elle m'a demandé de marcher dans son bureau. Elle souriait. « Il y a quelque chose, répétait-elle en mordillant son stylo plaqué or. Il y a indéniablement quelque chose. » Préférais-je vivre à New York ou à Los Angeles ? Je lui ai demandé ce qui était le mieux. « Ce qui est le mieux, c'est ce qui est le mieux pour toi. » Je lui ai dit New York. C'était de la folie.

Deux jours plus tard, je signais mon premier contrat. Je gagnais plus en un mois qu'une secrétaire de direction moyenne en un an. Maman a manqué tourner de l'œil, évidemment, et nous nous sommes disputées comme nous ne l'avions jamais fait auparavant. « Toi, à New York ? Tu ne tiendras pas trois jours ! » Mais je n'ai pas cédé un pouce de terrain. Ford Models m'avait déjà trouvé un studio. L'avenir m'appartenait.

J'ai cru comprendre que vous n'aimiez pas trop parler de votre carrière de mannequin.
Ce n'est pas mon parcours en soi qui pose problème. Mais par respect pour les personnes avec lesquelles j'ai travaillé, je préfère en raconter le moins possible. Certaines de mes amies sont encore en activité aujourd'hui. Et puis il y a les marques.

Nous pouvons changer les noms si vous voulez.
Oh, ce ne sera pas nécessaire. Vous voulez que je vous raconte ma vie à New York ? Je n'ai pas été malheureuse, si c'est ce que vous voulez savoir. J'ai travaillé quatre ans pour Ford Models, quatre années complètes. J'ai posé pour des lignes de sous-vêtements et de maillots de bain plutôt très connues. J'ai vendu mon image à des marques de cosmétiques et de crèmes de beauté. J'étais prête à prendre tout ce qui arrivait, pour être honnête. Mais Eileen faisait le tri dans les demandes. Elle s'est très bien occupée de moi.
J'ai gagné beaucoup d'argent et j'ai eu une chance énorme : celle d'avoir toujours des gens pour veiller à mon bien-être. Les Mendelson de New York se relayaient sans même se concerter. Walter et Ralph m'invitaient respectivement tous les mardi

et jeudi soir. Je passais la plupart de mes dimanches après-midi chez David. Doris me rendait visite chaque fois qu'elle passait à New York. Je ne fréquentais guère les soirées. Il y en avait pourtant des tonnes. Se tenir à l'écart paraissait la bonne option. Ma seule amie était Lauren Hutton, l'une des premières superstars du milieu, qui est devenue actrice par la suite. Lauren était plus âgée que moi, elle s'était mise en tête de me protéger. Je suis toujours en contact avec elle aujourd'hui et je l'admire énormément pour la façon dont elle a géré sa carrière. Moi, je n'ai rien géré du tout. J'imagine seulement que mon instinct n'était pas trop médiocre. Je me suis préservée autant que possible. J'ai fait quatre couvertures de magazines, pas une de plus. Je ne travaillais pas sous mon vrai nom : ça avait été l'une de mes seules exigences, et sans doute la meilleure décision que j'avais prise. Malgré tout, j'ai vécu des années passionnantes. Dangereuses aussi.

Dangereuses ?
J'étais constamment sous pression. On m'en demandait toujours plus. Je fréquentais des gens, disons, un peu désaxés. Des magnats de la presse, des photographes sous influence, des couturiers mégalomanes, des oiseaux de nuit, des divas, des chanteurs, des directeurs d'agences concurrentes qui essayaient de m'arracher à Ford Models. Et tous ces chefs de produit qui voulaient coucher avec moi, bien sûr. Je dis toujours que j'ai pris dix ans en quatre ans. Je n'ai jamais raconté tout ça à maman. Elle, elle était heureuse de me voir en couverture de Vogue, ça lui suffisait. De mon côté, je tenais à ne lui présenter que la face glamour de mon existence, lui épargner autant que possible les inévitables à-côtés sordides…

Ah, je pense savoir à quoi vous faites allusion.
(Elle sourit.) *Kenneth vous a raconté ?*

Kenneth ne m'a rien raconté du tout. Plutôt Ralph et Joan.
Bah, ce n'est pas un secret. La seule personne à qui je n'ai rien dit, c'est maman. Tout danger est écarté aujourd'hui. (Elle croise les bras, renverse la tête en arrière, paupières mi-closes — puis elle soupire et son regard se pose sur moi.) *Qu'est-ce que vous savez déjà ?*

Que vous avez rencontré un homme.
Je suis tombée amoureuse d'un homme. Appelons-le John. Il est encore en vie aujourd'hui.

John était photographe.
Oui.

Et il était épris de vous.
C'est ce qu'il disait.

En quelle année sommes-nous ?
1980. J'ai vingt-cinq ans, je suis en pleine possession de mes facultés physiques et intellectuelles, je ne suis plus une oie blanche. John a dix ans de plus que moi. Il est probablement toxicomane. C'est l'un des hommes les plus séduisants que l'on puisse imaginer.

Où l'avez-vous croisé ?
Une soirée. Peu importe. C'est un coup de foudre, comme on dit. Il habite dans l'Upper East Side. Deux semaines après

146

notre rencontre, j'emménage chez lui. Nous vivons deux ou trois mois idylliques.

Puis les ennuis commencent.
Oui. John ne veut plus que je pose. Il est jaloux, maladivement. Je ne peux plus sortir de chez lui sans lui expliquer exactement où je vais, ce que je fais, avec qui je me trouve. Un beau jour, je me rends compte qu'il me suit.

Dans la rue ?
Il m'attend dans des cafés, ou dehors, comme un minable privé à la Dashiell Hammett. Quoique, non : même un minable privé à la Dashiell Hammett ne ferait pas ça.
Et puis un soir... (Elle s'arrête, avale une gorgée de vin.) Ne m'en veuillez pas, c'est encore tellement... (Elle s'arrête, inspire profondément.)
Un soir, je rentre chez lui, il est ivre, nous nous disputons et, comme toujours, il me prend dans ses bras pour se faire pardonner, et il se fait tendre, cajoleur, sauf que cette fois...

Cette fois, vous n'avez plus envie.
Je me débats. « Lâche-moi ! » Il ne me lâche pas, bien au contraire. Il me tire par le poignet, me conduit dans sa chambre et me jette sur son lit comme une vulgaire... (Elle serre les dents.) Il m'a insultée. Il m'a battue. Il m'a forcée à... (Le silence s'installe, pesant, interminable. J'éteins l'enregistreur. Elle me le prend des mains, le rallume – une férocité nouvelle brille dans son regard.)
Je suis sortie de chez lui en larmes. Il me poursuivait mais j'ai réussi à lui échapper, je ne sais plus comment... J'avais des

marques sur les cuisses, sur les bras, j'avais la lèvre inférieure
tuméfiée, un œil poché.
Je ne suis pas allée porter plainte. Je suis allée chez Walter en
pleine nuit. Il a payé le taxi qui attendait dehors puis il m'a
installée sur son canapé. Il voulait aller tuer John. Je l'ai sup-
plié de n'en rien faire.

Et vous n'êtes jamais rentrée chez vous.
Non.

Et John court toujours.
(Elle hausse les épaules.) *Deux jours après — après ce qui*
s'est passé —, il m'a envoyé des fleurs à l'agence, accompagnées
d'un mot d'excuses délirant tout à fait dans sa manière. Il me
demandait en mariage, il voulait des enfants de moi, il allait
arrêter la photographie, etc. Je tremblais comme une feuille.
Bien entendu, je n'ai pas répondu. J'avais élu domicile chez
Walter. Le soir même, je lui ai tout raconté.
La semaine suivante, un matin, il m'a fait asseoir à ses côtés
sur le canapé. Il souriait, très calme. Il a dit : « Ce connard
ne t'embêtera plus. » Et vous savez quoi ? Je l'ai cru instan-
tanément.

Qu'a-t-il fait ?
Je n'en suis pas certaine. J'ai appris l'histoire par la bande. Pour
simplifier, disons qu'il est allé le trouver chez lui. Disons qu'il
l'a menacé de mort s'il tentait de me revoir ou simplement de
reprendre contact. Connaissant Walter, je pense que c'est une
menace que John a dû prendre au sérieux.

Nous devrions en venir aux choses agréables, maintenant...

(Elle sourit.) *Ma carrière partait à vau-l'eau. Je n'avais plus goût à rien, je me traînais aux séances photo, les clients commençaient à émettre des remarques désobligeantes. Eileen a essayé plusieurs fois de discuter avec moi mais je ne parvenais pas à me confier, je ne le voulais pas. J'avais peur, voilà la vérité : peur des hommes, peur de sortir de chez moi, peur de m'exposer aux flashs des photographes. Je ne pouvais même plus aller chez Ralph et Joan.*
Pour finir, ce sont eux qui sont venus. Chez Walter. Ils rayonnaient d'un bonheur étrange, très tranquille. Ils sortaient de l'enfer.

Oui, nous en reparlerons...

En plein milieu du repas, je me suis mise à sangloter. Joan m'a rejointe dans la salle de bains de Walter. J'ai eu une longue discussion avec elle. Elle m'a conseillé de partir en vacances puis de prendre rendez-vous avec un psy dès mon retour. Elle en connaissait plusieurs, elle pouvait me fournir des adresses. Je n'ai suivi que la seconde partie de ses recommandations.
Trois jours plus tard, je poussais la porte de Kenneth Percy. L'homme n'avait ouvert son cabinet qu'un an auparavant mais on disait le plus grand bien de lui. Nous sommes partis pour deux séances hebdomadaires. Très vite, j'ai commencé à me sentir mieux. Au bout de trois mois, Kenneth m'a annoncé que nous venions de conclure notre dernière séance. Je lui ai demandé pourquoi. Il m'a répondu : « Vous savez très bien pourquoi. » Je me suis levée, désespérée.

Dix minutes plus tard, dans la rue, je l'ai rappelé d'une cabine téléphonique. « Et si nous prenions un verre, ai-je dit, si nous prenions un café dehors, ce ne serait plus une séance, n'est-ce pas ? » Il m'a certifié que non, ce n'en serait plus une, mais que ce serait sans doute plus embêtant encore.
Je lui ai donné rendez-vous le soir même. Nous ne nous sommes plus jamais quittés. (Elle sourit.) Pas une nuit sans lui.

Pas une seule ? (Je souris à mon tour, étonné.)
Ça a été l'un de nos principes de base. Notre première nuit, nous l'avons passée à l'hôtel. Je ne voulais pas aller chez lui, et il le comprenait très bien. Il était comme aujourd'hui, avec plus de cheveux, des cheveux bruns bouclés, de grandes lunettes noires, un visage très doux. Son intelligence… Son intelligence avait quelque chose d'intensément érotique. Elle vous déshabillait en douceur. Plus tard, nous avons vécu des moments pénibles à cause de cette propension perpétuelle à l'effeuillage. (Rires.) Les psys ont une fâcheuse tendance à vous analyser sans cesse.

On m'a dit ça, oui. Et la suite ?
La suite, vous la connaissez. Trois mois de sursis à New York, rupture de contrat à l'amiable avec Ford Models – Eileen s'est comportée en princesse, comme à son habitude – puis retour à Los Angeles.

Pourquoi ?
Je voulais retourner en Californie, de toute mon âme. Je voulais quitter New York, malgré mon amour pour Ralph et Walter et David et Joan et les enfants – je voulais quitter tout ce que cette ville représentait et prendre un nouveau départ.

Pour Kenneth, l'enjeu était de taille : il venait à peine de se constituer une clientèle, et je lui demandais de repartir à zéro dans une ville qu'il ne connaissait pas, une ville immense et tentaculaire, sans doute peu sensible à sa finesse d'esprit typiquement new-yorkaise. Mais il l'a fait. Il l'a fait sans hésiter un instant. Nous sommes partis au cœur de l'hiver, en février 1980, et nous avons acheté une maison à Santa Monica, où nous vivons toujours aujourd'hui.

Kenneth a décidé d'arrêter la psychanalyse et de travailler en milieu hospitalier. En avril, il a trouvé une place au Barrington Psychiatric Center ; il s'occupait notamment de problèmes de harcèlement sexuel. Intéressant, non ? À peu près au même moment, j'ai fait le tour des banques et des amis pour lancer ma propre entreprise, Strict Apparel[1].

Des vêtements de soirée, n'est-ce pas ?

Oui. « L'élégance est une vertu. » Notre premier slogan.

Pas mal.

Vous trouvez ? Nous ne l'avons pas retenu.

PREMIÈRE CARTE DE VISITE DE TAMMY MENDELSON.

---

1. *À la demande de l'intéressée, le nom de la marque a été changé.*

LE GRAND
TREMBLEMENT

« Et pourquoi pas la Chine ? » Juchée sur l'un de ses tabourets de bar, Doris hausse un sourcil. Nous sommes en janvier 1976 et la fille de Leah, qui se remet péniblement d'une grippe saisonnière, porte à ses lèvres un bol de tisane au miel. Debout à ses côtés, Walter Mendelson esquisse un sourire. Comme sa cousine, il vient de fêter son cinquantième anniversaire et le fleuve tumultueux qu'a été son existence jusqu'alors commence tout juste à s'apaiser.

Depuis plus d'un an maintenant, le fils aîné de David tient les rênes de *M. & Sons* avec son frère. En 1975, grande première ! il n'est pas monté une seule fois dans un avion. Il faut dire que la gestion de l'agence l'accapare presque entièrement. Au cours de ces derniers mois, il a pris en charge le dossier des relations avec les photographes : gestion des équipes, recrutement et prospection. Francesca, sa petite amie du Metropolitan Museum of Art, vient de lui signifier la fin de leur relation. Walter est libre comme l'air. « Pourquoi pas la Chine ? »

À l'époque dont nous parlons, l'Empire du Milieu est pratiquement fermé aux Américains. Depuis l'accession de Mao Zedong – « le Grand Timonier » – au pouvoir, la Chine est pour eux sujet de fascination autant que de crainte.

« En vérité, raconte Doris, il s'agissait d'un vieux fantasme : aller là-bas et rapporter des images de cette fameuse Révolution culturelle, qui n'avait de culturel – et de révolutionnaire – que le nom. Sept ans auparavant, l'un de nos amis photographes avait tenté de s'introduire clandestinement en Chine. Interpellé à la frontière, il n'avait échappé que de peu à la prison. Depuis 1971, la situation était devenue légèrement moins tendue. J'ai

LE 21 FÉVRIER 1972, RICHARD NIXON ARRIVE À PÉKIN EN VISITE OFFICIELLE. LES RELATIONS ENTRE LA CHINE ET LES ÉTATS-UNIS COMMENCENT À SE DÉTENDRE.

bien dit "légèrement" : ma proposition demeurait hautement provocatrice. À dire vrai, jamais je n'aurais pensé que Walter la prendrait au sérieux. J'avais de la fièvre, je racontais tout ce qui me passait par la tête. (Rires.) Bon, j'avais surtout eu une longue et passionnante discussion quelques semaines plus tôt avec un opposant au régime du nom de Liu Zhixin —un personnage hors du commun qui avait quitté son pays en 1970 après le meurtre de ses deux frères, et avait été hébergé un temps par une amie à moi. Bizarrement, Liu ne tenait pas à convaincre les Américains. Pour lui, cette cause-là était perdue d'avance. À partir de 1973, il s'est contenté de donner des cours de calligraphie à Philadelphie. Il n'empêche qu'il en avait très gros sur le cœur. »

La situation chinoise, à cette époque, est particulièrement complexe ; elle exige au moins une récapitulation sommaire.

Le 1er octobre 1949 à Pékin, Mao Zedong proclame l'avènement de la république populaire de Chine. Entre 1958 et 1960, ses erreurs de gestion économique (le prétendu « Grand Bond en avant ») engendrent une famine catastrophique, causant des dizaines de millions de morts, Mao doit alors quitter son poste de président de la République. En 1966 cependant, il reprend le contrôle du pouvoir, instrumentalisant la révolte étudiante (les « gardes rouges ») et stigmatisant la corruption des fonctionnaires : c'est la Révolution culturelle, l'un de ces coups de maître dont ce tacticien hors pair s'est fait une spécialité.

Le 16 août 1966, des millions de gardes rouges se rassemblent à Pékin. Une campagne de persécution contre les prétendus adversaires du parti est lancée, entraînant des centaines de meurtres et de « suicides ». Président du parti, Liu Shaoqi est envoyé en camp de détention, où il mourra en 1969. C'est le temps maudit des purges et des autocritiques. En 1968, à présent qu'il n'a plus besoin d'eux, Mao procède au démantèlement des gardes rouges. Lin Biao est nommé numéro deux du parti. Trois ans après, il trouvera la mort dans un accident d'avion plus que suspect, au sujet duquel les historiens se perdent toujours en conjectures. La version officielle veut que Biao ait tenté un coup d'État.

La paranoïa du Grand Timonier, dont la santé décline, s'accentue encore. Les conflits obscurcissant ses dernières années de règne apparaissent aussi mystérieux que stériles. Deng Xiaoping, tombé des années plus tôt en disgrâce, est rappelé au sein du gouvernement à l'instigation du Premier ministre Zhou Enlai. Jiang Qing, la propre épouse de Mao, gagne quant à elle du pouvoir : accompagnée de deux spécialistes de la propagande et du nouveau venu Wang Hongwen, elle constitue une minicoterie politique rapidement baptisée « Bande des Quatre », qui critique, entre autres, l'action économique de Deng Xiaoping et du Premier ministre, connu pour ses efforts envers l'Occident (la Chine adhère à l'ONU en 1971). Malgré sa mainmise sur les médias, la Bande ne parvient cependant guère à ses fins : Deng Xiaoping poursuit sans relâche sa politique réformiste.

Le 8 janvier 1976, Zhou Enlai meurt d'un cancer de la prostate. Les rassemblements occasionnés par ses funérailles inquiètent Jiang Qing et les siens, qui tentent de reprendre l'initiative. Dès le mois suivant, la Bande des Quatre fait pleuvoir les critiques sur Deng Xiaoping, lequel ne succède pas à Zhou Enlai et sera bientôt démis de ses fonctions. Si le nouveau Premier ministre ne lui est pas acquis (Mao a nommé le peu connu Hua Guofeng au poste tant convoité), il se rapproche de ses positions. Le ressentiment populaire envers Jiang Qing et sa clique ne fait que croître.

Mao est impuissant. Il ne lui reste que quelques mois à vivre. « Mieux vaut sans doute ne plus se voir », a-t-il écrit dès mars 1974 à son épouse. Le contexte politique est tendu à l'extrême. Dans leurs violents efforts contre celui qui a soufflé selon eux « un vent déviationniste de droite », les adversaires de Deng Xiaoping ont contribué à diffuser ses « Quatre Modernisations », restées jusque-là confidentielles, et à transformer l'hommage funèbre rendu par la foule de Tian'anmen à Zhou Enlai en un plébiscite de sa ligne politique. Dans la nuit du 4 au 5 avril 1976, les responsables de la sécurité font procéder à l'enlèvement des couronnes mortuaires dédiées à Zhou Enlai et déposées au pied du monument aux Héros du peuple à l'occasion de la fête des Morts. Les arrestations se multiplient. Le pouvoir de la Bande des Quatre, un temps menacé par la fronde populaire, sort renforcé de la crise.

Le 15 juin, la presse annonce qu'il ne sera plus possible à Mao Zedong de recevoir les chefs d'État étrangers en visite officielle.

« Le contexte était très particulier, se souvient Doris. Nous n'avions qu'une vague idée de ce qui se passait là-bas : les dirigeants chinois n'étaient pas du genre à communiquer outrageusement sur leur politique intérieure. (Rires.) Nous savions, toutefois, qu'il se passait quelque chose. Liu Zhixin me

July 9, 1976
Had a lengthy discussion with Gerald S. today. The departure date is getting closer. Strife and stagnation in Mao Tse-tung — it's the best period, according to Gerald, to take the pulse of the "big sick giant". Once again, I'm worried stiff as to what awaits my son and my niece in that inhospitable country. Yet haven't I, myself, created the grounds for such mad escapades ? Idealism, adventure. To bear witness, ceaselessly, regardless of all the risks.

JOURNAL INTIME DE DAVID. 9 JUILLET 1976. *Longue discussion avec Gerald S. aujourd'hui. La date du départ approche. Stagnation et remous au pays de Mao Tse-tung — la meilleure période, affirme Gerald, pour prendre le pouls du « grand géant malade ». Une fois de plus, je me ronge les sangs en imaginant ce qui attend mon fils et ma nièce en cette contrée inhospitalière. Mais n'ai-je pas créé moi-même les conditions de ces folles équipées ? L'idéalisme, l'aventure. Témoigner, sans relâche, quels que soient les risques.*

l'avait certifié : Mao Zedong était très malade, à moitié paralysé, il ne tarderait pas à mourir. Le photographe qui s'était risqué sur place en 1969, Gerald Saunders, était l'un des meilleurs éléments de l'agence. Il avait été recruté par mon oncle, qui lui vouait une profonde affection, et avait récemment manifesté son envie de retenter sa chance. Son idée était de réaliser un reportage photo à Pékin et dans les environs sur le crépuscule de l'ère Mao Zedong. Dans un premier temps, sa proposition n'avait recueilli auprès de M. & Sons qu'un écho fort discret. Il y avait eu d'autres priorités. Mais à présent que nous y repensions... La Chine traversait une crise d'une ampleur considérable, c'était un fait que nul ne pouvait contester. Sortie traumatisée de la Révolution culturelle, elle se trouvait désormais fragmentée en groupes antagonistes : cadres sous pression, jeunesse sceptique, intellectuels réduits au silence, ouvriers en colère. Évidemment, c'étaient surtout les ouvriers qui nous intéressaient. D'autant que j'étais parvenue à mettre sur pied un partenariat entre le Comité international de la Croix-Rouge et l'agence de mes cousins, censée nous aider à constituer une base de documentation iconographique sur le sujet. »

Doris ne se trompe pas : un vent de révolte souffle désormais sur les travailleurs chinois. Absentéisme, grève du zèle, abandon de poste – par tous les moyens, les travailleurs expriment leur révolte contre l'industrie moderne et ses machines qui les ont transformés en esclaves. À Hangzhou, en juillet 1975, Deng Xiaoping est forcé d'organiser la prise de contrôle des usines par des unités de l'armée de l'air, de la marine et des troupes terrestres venues d'autres régions militaires.

« Jusqu'en 1971, reprend la nièce de David, l'entrée du pays avait été interdite aux citoyens américains. Les restrictions s'étaient un peu assouplies depuis — Kissinger s'était rendu sur place en juillet 1971, Nixon sept mois après — mais obtenir un visa restait extrêmement malaisé. Quelques jours plus tard, Walter a remis le projet de Gerald Saunders sur la table. Et il a parlé à Ralph en mon nom. L'idée était de partir en trio, avec Gerald et moi. Il y aurait des photos et des articles. Gerald parlait chinois, j'avais l'habitude de rédiger des rapports... Ralph l'a interrompu. "Et toi ? a-t-il demandé à son frère. Pourquoi as-tu envie de partir ?" Walter a souri. "Je n'en ai pas envie. J'en ai besoin. Le terrain me manque, petit frère. Je suis certain que tu peux comprendre ça." Je présume que Ralph a poussé un soupir à fendre les murs. D'un autre côté, il connaissait les qualités de persuasion et de débrouillardise de son aîné, lequel s'était également révélé, au fil des années, un excellent photographe. Qui était-il pour l'empêcher de mener ce projet à bien ?

L'affaire a été conclue en un tour de main : nous partirions à Pékin en tant que simples touristes d'extrême gauche désireux d'admirer les bienfaits de la Révolution culturelle. Liu Zhixin avait gardé quelques contacts sur place, des gens susceptibles de nous ouvrir les portes des usines et de nous fournir du matériel. Les demandes de visas ont été lancées dans la foulée, et satisfaites : il faut croire que rien, dans notre passé, ne trahissait un attachement inconditionnel aux idéologies américaines dominantes. David émettait les plus grandes réserves sur notre projet. Il nous appelait "les communistes" en riant à moitié. Nous essayions de rire aussi. Plusieurs années après notre retour, j'ai appris que seuls 15 000 visas avaient été accordés entre 1971 et 1977, sur 200 000 demandes individuelles. »

Gerald, Walter et Doris gagnent Hongkong par avion le 15 juillet 1976 puis rallient Guangzhou en train.

« C'était un voyage très onéreux, raconte la nièce de David. Et nous n'étions pas spécialement les bienvenus. Les reliquats de la Révolution culturelle contribuaient à entretenir une ambiance d'hostilité générale envers les étrangers, surtout les Américains, et la méfiance à l'égard des visiteurs constituait encore la norme au sein de la société chinoise. L'ami Liu Zhixin (que, par ailleurs, j'avais revu deux fois avant notre départ et qui désapprouvait lui aussi fortement l'idée même de notre voyage) nous a apporté une aide des plus précieuse. Nous avons été mis en contact avec un cadre local du parti soi-disant chargé des affaires culturelles et touristiques. Il nous a accueillis person-nellement à Guangzhou en nous recommandant de nous mon-trer "discrets". Nous avons compris par la suite que cet homme, qui se faisait appeler "Li" et auquel Zhixin avait manifestement envoyé plusieurs lettres codées via Taïwan, avait habilement contourné la procédure habituelle qui nous imposait de visiter le pays au sein d'un groupe d'une vingtaine de personnes. Li était un cousin éloigné de Zhixin, au passé politique assez trouble. J'ai cru saisir qu'il avait été écrivain. En tout cas, c'est ce que Gerald nous a affirmé. Walter, qui avait essayé d'apprendre le chinois moins de deux mois avant notre départ, opinait avec le plus grand sérieux. Personnellement, je ne comprenais pas un traî-tre mot de ce qui se racontait. »

❧

Nous sommes maintenant à Greenwich, en juillet 2001 : sur la table, Doris vient de pousser vers moi un carnet à couverture de moleskine noire. « *Les notes de voyage de Gerald, annonce-t-elle. Vous êtes libre d'en disposer à votre guise.* »

Gerald Saunders est mort dans la nuit du 28 juillet 1976 à Tangshan dans ce qui restera comme le plus meurtrier des cataclysmes naturels du XXe siècle. Les pages qui suivent, reproduites avec l'accord de sa famille, sont extraites du journal qu'il a tenu jusqu'à la veille de sa disparition.

Jeudi 15

Arrivée à Hongkong, 10 h 40 heure locale. Nous parcourons les 150 kilomètres séparant Hongkong de Guangzhou dans un train chinois plutôt confortable à bord duquel on nous propose un excellent service de thé, bière et cigarettes. Assis face à la travée, nous regardons rouler devant nous d'étroites tables décorées de nappes blanches. Les Chinois fument à la chaîne et parlent très fort. Bientôt, nous passons une sorte de ruisseau frontalier. Voici le poste-frontière de Lo Wu, notre porte d'entrée en Chine. Chemin grillagé, militaires impassibles : le passage est étroit, dans tous les sens du terme.

Notre contact est exact au rendez-vous. C'est un petit homme aux cheveux luisants de brillantine et au visage inexpressif qui nous accorde à peine un regard mais à qui je fais confiance immédiatement. Nous le suivons, empruntés. Au poste de douane, nos bagages sont inspectés avec méthode. Li – c'est le nom de notre guide – nous laisse seuls avec deux fonctionnaires. « Quel est le motif de votre venue ? – Tourisme. » Le premier fonctionnaire scrute nos visages. Négligemment, j'exhibe une fausse carte du parti communiste américain qui semble produire sur lui une impression considérable. Mon appareil photo est plusieurs fois manipulé. « Interdit », lâche le second fonctionnaire avant de le remettre en place. Plus tard, Li nous fera comprendre qu'il a « rendu les choses possibles ».

Pour l'heure, éreintés, nous déambulons dans la ville. Visite de la tour Zhenhai dans le parc Yuexiu en compagnie d'une délégation officielle.
Nuit passée sur place.

Vendredi 16

Arrivée à Pékin. Logés dans un hôtel du centre-ville. Vue grandiose et triste sur la place Tian'anmen, repas pris sur place. Li nous a briefés : nous travaillons pour une entreprise qui fabrique des pellicules photographiques ; nous venons en Chine afin de nous inspirer des méthodes de production locales et, peut-être, mettre sur pied un plan d'investissement en compagnie de partenaires locaux. C'est un prétexte suffisamment vague et absurde pour tenir les questions habituelles à l'écart.

Walter est malade ; il passe sa soirée aux toilettes. Les membres du personnel lui proposent une sorte de tisane médicinale au goût visiblement atroce. Deux heures après, il est guéri.

Lundi 19

Journée de visite « officielle » après repos et promenade en ville, hier et avant-hier. Nous prenons le pouls de la cité. Doris est enchantée (dit-elle). Multiples photos mais

ENFANTS CHINOIS SUR LA PLACE TIAN'ANMEN
(CLICHÉ DE DORIS MENDELSON, 19 JUILLET 1976).

rencontres plus rares. Nombreux sont les Chinois qui refusent de nous parler. Par peur ? Cela étant, la présence de Li arrange parfois les choses.

Rencontre avec des officiels chinois puis visite de la Cité interdite. Au nord de la place Tian'anmen, celle-ci fut le palais impérial des dynasties Ming et Qing. Elle mesure 960 par 750 mètres, nous apprend Li, et renferme paraît-il 9 999 bâtiments, ce qui en fait le plus important ensemble palatial au monde. La porte Tian'anmen mène au parc Zhongshan que l'on doit traverser avant d'arriver à la Cité proprement dite. Une foule colossale se presse devant les portes. La plupart de ces gens n'entreront pas.

Notre guide se lance dans un épuisant monologue ; je prends des notes aussi vite que possible. Les relis maintenant en bâillant. Impression d'être à l'école. La Cité est entourée d'un fossé de 52 mètres de large et de 6 mètres de profondeur, et d'une muraille haute de 10 mètres et longue de 3 400 mètres. Une porte de chaque côté, une tour à chaque coin. Proportions monumentales. La porte du Méridien (Wumen) est l'entrée sud de la Cité interdite. Elle comporte cinq ouvertures et est la plus grande des portes de la Cité. Nous levons les yeux, impressionnés. Li s'anime. Il désigne la tour des Cinq Phœnix, 36 mètres de haut. Des tambours et des cloches, précise-t-il, servaient à annoncer les déplacements de l'empereur. Trop de choses à voir, trop de photos à prendre. Couple de lions de bronze – mâle et femelle – devant la porte de l'Harmonie suprême. Li explique mais je n'écoute plus. Walter pose devant l'une des bêtes, hilare. Nous traversons une cour immense qui mène à la salle de l'Harmonie suprême. Le long des escaliers à trois paliers, 18 récipients de bronze figurent les provinces de la nation. Nous nous arrêtons tous les trois à côté d'une tortue de bronze qui représente la longévité. Suivent d'autres salles d'Harmonie. Pierres de titans, dragons sculptés, 250 tonnes, 20 000 ouvriers. Li s'acquitte de son devoir de guide avec une sorte de fierté morne, exaspérante. Nous arrivons devant la porte de la Pureté céleste et ses énormes cuves de bronze plaqué or qui servaient de réservoirs en cas d'incendie. Dragons monumentaux. Puis rues désertes, enfin.

À mes côtés, Doris sourit, les mains glissées dans les poches arrière de son jean. « Je n'ai pas la moindre idée de ce que nous faisons ici. » Et moi donc ! Visite du splendide Jardin impérial, très réussi. Pavillons, encensoirs, essences multiples, rocailles enchanteresses (?). Très nombreuses photos, et palais encore, des dizaines ! – et la porte de la Puissance divine qui garde le mur nord de la Cité.

Mardi 20

Journée un peu ennuyeuse. Délégations d'officiels, visites d'usines et de manufactures. Li parle pour nous. Nous avons changé d'hôtel. Raisons peu claires. Notre nouveau point de chute ne propose qu'un confort spartiate. Cette fois, c'est au tour de Doris d'être malade : migraine tenace, maux de ventre. Demain, départ à la campagne. Notre guide semble craindre quelque chose, un contrôle administratif, une filature policière – mais il refuse d'en dire plus, ce qui nous inquiète fortement.

Mercredi 21

Voyage en voiture peu confortable. Plat pays, en route vers Tangshan, ville industrielle à l'est de Pékin où, nous promet Li, nous pourrons parler plus librement et nous familiariser avec les techniques de production industrielle et agricole locales qui semblent tant nous intéresser. Cet homme est payé pour nous guider à travers les embûches et les tracasseries de la bureaucratie chinoise. Six jours après notre arrivée, cependant, nous ne sommes toujours pas parvenus à briser la glace. Li ne doit pas comprendre ce que nous venons chercher. Mais le savons-nous nous-mêmes ?

Jeudi 22

Visite d'une communauté agricole. Ambiance morose, policée. Les gens sont regroupés par brigades de travail. Impressionnante discipline ! Champs de blé, et non de riz. Visite d'une coopérative. À la cantine, nous dégustons de grands plats de nouilles onctueuses. J'essaie d'engager la conversation avec des ouvriers, sans succès. Alors je prends des photos. Puis retrouve Walter, dehors : « Chronique d'un désenchantement annoncé, murmure-t-il. Ce pays a besoin de mourir à lui-même. » Li ne parle pas de Mao. Comment va le Grand Timonier ? « Sa santé est excellente. » Ciel grisâtre, affiches immenses, un homme agite un drapeau rouge. Culte permanent des héros, du travail. Impression de mensonge généralisé – un mensonge que le peuple accepte sans sourciller.

Vendredi 23

Visite d'une manufacture d'équipement. Motoculteurs, tracteurs à deux roues. Sécurité tout à fait minimale.

« LONGUE VIE AU PARTI COMMUNISTE. » AFFICHE DE PROPAGANDE CHINOISE VANTANT LA RÉUSSITE DE LA RÉVOLUTION CULTURELLE (COLLECTION PERSONNELLE DE DORIS MENDELSON).

Des ouvrières travaillent à des machines menaçantes sans la moindre restriction d'accès. Beaucoup de choses faites à la main encore. Le soir, arrivée à Tangshan.

Samedi 24

Visite d'une manufacture de soie. Métier Jacquard sur lequel des planchettes perforées se déroulant à travers le mécanisme de contrôle déterminent le modèle de la pièce de soie brodée produite par la machine (si j'ai bien compris ?). Partout, usines poussiéreuses et malodorantes. Réception par un comité révolutionnaire local en compagnie d'autres touristes – employés canadiens d'une compagnie pétrolière qui nous racontent leurs aventures rocambolesques en échange d'anecdotes locales. Effarement mutuel. Walter prend des notes avec avidité.

Dimanche 25

Journée de repos à Tangshan. Temples et statues. Demain ou mardi, nous visiterons un mausolée. Essayons de nous mêler à la foule. Marché de porcelaine. Achète trois vases pour Lidia, que je ne sais comment transporter. Le soir, repas plantureux dans une gargote éclairée par de simples lanternes en papier. Li s'éclipse. « Je dois téléphoner. » À qui ? Hier, dans un anglais hésitant, il a demandé une rallonge financière à Walter. Nous qui pensions qu'il ne parlait pas un mot de notre langue ! À table, essayons de définir un plan : c'est Doris qui nous le demande. Les témoignages d'ouvriers s'amoncellent mais le temps risque de manquer. Bah ! Après tout, nous n'avons pas encore réservé notre billet de retour. « Je commence tout juste, déclare Doris, à comprendre qu'il nous faudra des années pour comprendre. » Nous trinquons. Cigarettes. Retour de Li. L'homme qui ne sourit jamais. « Demain, annonce-t-il, autres visites. »

Lundi 26

Journée fructueuse à Tangshan, fief industriel de la Chine profonde et, pour l'instant, silencieuse. Manufactures de textiles et de produits chimiques. Parfois, en quelques secondes, les langues se délient. Au matin, discussion avec un ancien garde rouge envoyé à la campagne, désormais en fuite. Il me montre son patron, assis sur un fauteuil roulant. « Un homme très bon, très intelligent. » Le patron, malheureusement, refuse de parler. Je sens qu'il aurait eu des tonnes de choses à dire. Cicatrice sur le visage. Quel combat ?

Mardi 27

Des discussions que nous parvenons à mener avec les ouvriers et les intellectuels locaux, un consensus se dégage : la Révolution culturelle a été une erreur. Mao n'est pas désigné comme le responsable direct. Les gens parlent de lui avec révérence mais leur frustration est palpable. Entretien avec un homme qui essaie d'acheter une bicyclette depuis plus de trois mois ! À mots couverts, nous évoquons les circuits parallèles. Visite d'un marché ; très mal approvisionné : difficile, pour ne pas dire plus, de trouver de la viande, de l'huile, des légumes frais. Pause dans un village dont je ne connais pas le nom. Foule rassemblée autour d'un puits, curiosité : l'eau est montée toute seule à plusieurs reprises aujourd'hui, jaillissant comme un geyser. Fissures sur un trottoir, très récentes a priori, qu'un vieillard squelettique considère en marmonnant. Un présage ?

Retour vers la ville tandis que j'écris ces lignes dans une pénombre grandissante. Il y a dix minutes, Li a freiné brusquement : une immense colonie de souris traversait la route. Nous avons patiemment attendu qu'elles s'en aillent. Doris se plaint à nouveau de sa migraine mais se félicite de notre voyage. Les gens s'ouvrent, nous commençons à savoir comment les prendre. « Il se passe quelque chose », répète Walter pour la centième *fois en regardant par la fenêtre. Nous rions de conserve.*

⇜⁕⇝

Ainsi s'achève, assez abruptement, le compte rendu de Gerald Saunders. La suite, c'est Doris qui la raconte :

« *Il y avait des signes avant-coureurs, bien sûr, mais nous n'étions nullement en mesure de les interpréter. Comment aurions-nous pu ? Bien des années plus tard, nous avons appris que des relevés sismiques effectués dans les années et les semaines précédant le drame avaient révélé une activité absolument inhabituelle. Le 16 juillet, par exemple, lors d'une réunion informelle du bureau sismologique d'État de la région Nord/Bohai, un certain Wang Chengmin avait noté qu'il existait une "forte probabilité" pour qu'un tremblement de terre de magnitude 5 advienne entre le 22 juillet et le 5 août, et qu'une secousse de magnitude 8 était "possible" pour la seconde moitié de l'année. Des mises en garde avaient été émises, des tentes de secours avaient été dressées dans le district de Qinglong, à 115 kilomètres de Tangshan. On avait même évoqué des procédures d'évacuation. Insuffisantes, naturellement. À la décharge du gouvernement, personne n'aurait pu prédire un tel désastre. Aujourd'hui, ce n'est pas cela dont nous blâmons les autorités : c'est de la façon insensée dont elles ont réagi au drame.* (Elle s'arrête un instant, hoche le menton vers le carnet que je tiens entre mes mains.) *Gerald serait mort de toute façon. Mais d'autres que lui auraient pu s'en sortir.* (De ses doigts écartés, elle lisse sa chevelure.)

Et ces signes ? Nous avions discuté avec un paysan, plus tôt dans la journée, qui s'était plaint du comportement anormal de ses poulets : *les bêtes couraient en tous sens et refusaient de manger. Pour le dernier jour, nous avions élu domicile dans un quartier un peu excentré. Nous avions déniché une sorte de maison du peuple affiliée, pour ce que nous en avions compris, aux services culturels municipaux. Il y avait là une salle commune, une petite cuisine, une salle d'eau et trois chambres. L'une des chambres à l'étage était occupée par deux étudiants en agronomie. Walter et moi avions pris celle d'en face. Li et Gerald dormaient au rez-de-chaussée. Je ne sais plus ce qui a présidé à cette répartition, je crois que ça s'est fait au hasard. Je me souviens que nous avons dîné dans la salle commune avec les étudiants. Li avait rapporté des potages et des nouilles achetés dans une épicerie locale. Nous étions épuisés. Sur les coups de 23 h 00, 23 h 30 peut-être, Walter et moi sommes sortis prendre l'air et nous avons fumé — ce qui n'était pas dans mes habitudes. Nous avons parlé de David. De sa santé déclinante, de son arthrose, de ce que nous essaierions de faire pour lui une fois que nous serions rentrés. À un moment, un grondement a résonné au loin, comme un orage, mais beaucoup plus sec. Des lumières papillotaient à l'horizon. On aurait dit un feu d'artifice à très petit budget. Walter a parlé de soucoupes volantes, je ne me rappelle plus quelle blague il a faite. Tout cela n'avait rien de particulièrement inquiétant en soi. Li était déjà allé se coucher, Gerald était resté à l'intérieur pour discuter avec les deux étudiants. Nous avons fini par regagner nos quartiers. L'idée était de repartir pour Pékin le lendemain matin, et de gagner Shanghai en train et de faire le point là-bas. Gerald nous a souhaité une bonne nuit.*

Walter et moi sommes restés encore un peu avec les étudiants, puis tout le monde est monté se coucher. Nos deux lits étaient contigus. Walter avait l'habitude de s'endormir très tard, moi pas. Je sais qu'il lisait un roman de Melville ce soir-là, Pierre ou Les Ambiguïtés. *Il m'a raconté quelque chose à ce sujet et j'ai marmonné deux ou trois mots avant de sombrer dans le sommeil.* (Elle s'arrête un instant, se lève, va mettre la cafetière en marche, vient se rasseoir.)

Lorsque le tremblement de terre m'a réveillée, je n'ai absolument pas réalisé ce qui se passait. D'abord, j'ai cru que je faisais un cauchemar. Quand j'ai ouvert les yeux pour de bon, j'ai compris que c'en était bien un. Un dément surexcité avait secoué mon lit avec une vigueur furieuse avant de le projeter contre le mur : voilà l'impression que j'ai eue. Des hurlements s'élevaient dans la nuit, des nuages de poussière emplissaient nos poumons. Les quinze secondes qui ont suivi resteront comme les plus effrayantes de toute mon existence. C'est le temps qu'a duré la secousse : plus qu'il n'en fallait, de toute évidence, pour raser notre maison. Le plancher s'est brisé en deux et nos lits — le mien et celui de Walter — ont glissé pour s'écraser dans la chambre du dessous, celle de Li et de Gerald. Fort heureusement, ce sont nos jambes qui ont amorti le choc. Mais ça, je ne l'ai compris que plus tard. La nuit était noire, il y avait eu cette espèce de coup de semonce interminable et, à présent, des cris et des gémissements montaient de toutes parts.

J'ai voulu m'extirper de mon lit. Je suis tombée sur un amas de planches et de débris. J'ai appelé Walter. Il a crié mon nom en retour. Oh, Dieu, me souviens-je avoir pensé, merci, merci ! Le toit était crevé, désormais ; on distinguait des morceaux de ciel. Une main m'a attrapée : celle de mon cousin. "Il faut sortir. Sortir, tu comprends ?" Et c'est ce que nous avons fait. Dehors, la nuit était en feu. Tout, presque tout — maisons, immeubles — avait été détruit. J'ai pensé à une bombe atomique.

Tangshan au lendemain du séisme (cliché de Walter Mendelson, 28 juillet 1976).

Mais le décor ne cadrait pas. De l'autre côté de la rue, un homme s'est extirpé des restes de sa demeure en gémissant. Pendant une minute ou deux, il a essayé de ramper sur ses coudes. Puis il a cessé de bouger. Nous n'étions ni stupéfaits ni choqués : ça allait bien au-delà. "Gerald", a murmuré Walter. Il est reparti vers la maison ventre à terre. J'ai hurlé mais il ne m'a pas entendue. J'avais moi-même l'impression d'être sourde. Plus loin, au-dessus des toits brisés, des flammes tourbillonnantes claquaient dans les ténèbres. »

La cafetière vient de siffler. Doris s'arrête, à bout de souffle. Elle ouvre les placards pour nous sortir tasses et coupelles. Pendant ce temps, je compulse les pages du dossier que je me suis constitué. Les données sont sans appel. Le mercredi 28 juillet 1976, à 3 h 42 du matin, un tremblement de terre d'une magnitude de 7,8 sur l'échelle de Richter frappe la ville de Tangshan en plein cœur. La puissance de la secousse, qui se produit à 11 kilomètres sous la surface, est quatre cents fois supérieure à celle de la bombe lâchée sur Hiroshima. À ce moment, plus d'un million et demi de personnes sont en train de dormir. Ceux qui en ont le temps ou la présence d'esprit se jettent sous des tables. La plupart des autres vont mourir.

La secousse, selon les sources, dure de 14 à 16 secondes. Lorsque les survivants émergent des décombres, c'est un spectacle d'apocalypse qui les attend : l'essentiel de la cité a été anéanti. La zone de destruction maximale, qui s'étend sur 47 kilomètres carrés, comprend la ville elle-même et une grande partie de la banlieue sud. Walter et Doris, d'après les notes de Gerald Saunders, dorment à Kaiping, soit un peu plus à l'est, dans un secteur très relativement épargné. À quelques centaines de mètres près, on peut penser qu'ils n'en auraient pas réchappé.

Construits sur des sols instables, la plupart des bâtiments de la ville – qui n'ont pas été conçus pour résister à un tremblement de terre – s'effondrent sur eux-mêmes. On estime que 93 % des habitations sont détruites, ainsi que 78 % des immeubles commerciaux ou industriels. Le coût en vies humaines du tremblement de terre de Tangshan n'a jamais pu être déterminé. Les chiffres officiels du gouvernement font état de 242 769 morts et de 169 851 blessés, mais la précision même de ces statistiques les rend éminemment suspectes. Tangshan comptant 1,6 million d'habitants à l'époque, les pertes réelles sont sans doute trois fois supérieures, entre 655 000 et 779 000 morts, ce qui ferait de ce séisme le deuxième plus meurtrier de l'Histoire derrière celui de Shaanxi (déjà en Chine) en 1556, auquel on attribue 830 000 victimes. Pour mémoire : la destruction de Hiroshima par la bombe atomique aurait fait pour sa part 250 000 victimes.

Une fois le choc de la première secousse passé, des poignées de survivants se relèvent au milieu des décombres, tentent de sauver les autres. Partout, ce ne sont que cris d'horreur, gémissements, sanglots.

« Pendant un temps, reprend Doris en faisant tourner sa cuillère dans son café, je crois que j'ai perdu connaissance. En tout cas, je n'ai aucun souvenir de ce qui s'est passé après que Walter est parti. Lorsque j'ai repris mes esprits, j'étais allongée par terre au milieu des gravats et l'un des étudiants chinois était assis à mes côtés, en larmes. Je me suis redressée. Il s'est tourné vers moi. Son visage était en sang. Il m'a dit quelque chose, je lui ai caressé le bras et il a pleuré de plus belle, tête baissée, essuyant sa figure d'un revers de manche. Bientôt, il m'a attrapé la main et l'a tenue serrée contre sa joue. J'étais tellement surprise que je n'ai pas bougé.

Quelques minutes plus tard, Walter a réapparu. Il boitait en serrant les dents. "Li est gravement blessé, a-t-il déclaré. Coincé sous un mur, je ne peux pas l'aider. Il faut qu'on trouve quelqu'un." J'ai hoché la tête. Trouver quelqu'un ? Dans la rue adjacente, des gens se traînaient à quatre pattes et une jeune femme hurlait à la mort en tenant quelque chose serré contre elle —probablement un bébé. Des flammes monumentales

craquaient dans les ténèbres. Trouver quelqu'un ? "Et Gerald ?"
Walter a secoué la tête. Poser d'autres questions était inutile.
L'étudiant chinois a lâché ma main. Walter et lui ont échangé
quelques mots et le jeune homme s'est levé. Je l'ai imité. Nous
avons marché tous trois jusqu'à la route. Il n'y avait plus
d'électricité mais le ciel était étonnamment clair, presque jau-
nâtre. Devant nous, la chaussée s'était soulevée sur près de deux
mètres. Nous avons avancé comme nous avons pu. Nous appe-
lions à l'aide, nous aussi. (Elle sourit.) Mais qui aurait pu
nous aider.

Nous avons attendu une journée entière avant de voir arri-
ver les premiers secours. Nous avons… Nous avons essayé de
désincarcérer Li par nous-mêmes. Une tâche impossible. Il… »

Elle s'arrête de nouveau. Je lui fais signe qu'il est inutile de poursuivre, que je sais déjà l'essentiel. Ensemble,
nous faisons tourner les pages de mon dossier. Des photos amateur le parsèment. C'est un décor de fin du monde.
La plupart des routes de la ville sont totalement hors
d'usage, sans parler des ponts. Les hôpitaux se sont dislo-
qués. Des rails de la voie de chemin de fer menant à Pékin,
il ne reste plus rien. Des dégâts sont d'ailleurs signalés
jusque dans la capitale.

« La priorité, reprend Doris, c'était de venir en aide aux
autres. Moi qui travaillais au Comité international de la Croix-
Rouge. Quelle ironie ! Je n'avais pas été formée le moins du
monde à secourir qui que ce soit. Nous avons retiré une femme
des ruines de sa maison : ses quatre enfants et son mari étaient
morts. Nous l'avons laissée devant chez elle, recroquevillée.
J'ignore si elle était encore en vie. J'étais anesthésiée.

Une fois rentrés chez nous... (Elle marque une pause.) *Une fois rentrés chez nous, nous n'avons plus jamais parlé de ça avec Walter. Que pèsent les mots ? Il nous suffit de nous regarder dans le blanc des yeux. Nous avons un regard spécial pour ce qui s'est passé.* (Elle soupire.) *Où en étais-je ?* (Je lui rappelle de quoi il était question. Elle secoue la tête, incrédule.) *Je ne vais pas vous parler de Dieu. Je n'ai absolument pas pensé à Dieu durant ces trois jours, et Walter non plus. Il y avait des enfants qui buvaient dans des flaques. Il y avait des chiens qui s'attaquaient aux gens. Il y avait un vieillard qui déambulait en zigzag, le bras emmailloté dans un drap noir de sang. De petits groupes d'entraide se formaient spontanément. Certains enterraient déjà les corps — sans prière, sans cérémonie. Un homme sur le point d'être inhumé a émis un hennissement de protestation : il est mort quelques minutes plus tard, abandonné.*

Il y a eu une autre secousse, l'après-midi suivant. Par bonheur, si j'ose dire, nous étions dehors, mais nous avons vu un immeuble qui s'était jusque-là maintenu par miracle, nous l'avons vu s'aplatir sous nos yeux comme s'il avait été fait de sable. Les gens tapaient du poing sur le sol, une jeune fille s'est arraché les cheveux par poignées avant de s'évanouir.

Nous n'avons pas dormi la nuit suivante, et seulement une heure ou deux le surlendemain. Je ne saurais vous dire à quoi, exactement, nous avons occupé notre temps. Je me souviens d'un camion-citerne empli d'eau potable. Walter a aidé un homme à remplir des bidons. Moi, j'ai essayé d'administrer les premiers soins à des enfants sous des tentes de l'armée. Des militaires sont venus me poser des questions. "Quoi ?" Une infirmière s'est interposée. J'ai pu continuer mon travail. J'étais chargée d'apposer des compresses, de désinfecter des plaies, de poser

*des points de suture. Je n'avais jamais fait ça de ma vie. Il y avait
ce petit garçon qui...* »

Elle s'interrompt de nouveau, submergée par l'émotion. Ses yeux sont brillants. Tamponnant ses pommettes d'un mouchoir replié, elle évite soigneusement mon regard. Enfin, elle se lève, monte à l'étage, sans un mot. Je reste seul avec mon rapport.

Au moment où frappe le tremblement de terre, Mao Zedong agonise dans un lit d'hôpital à Pékin. D'après un article du *New York Times*, le Premier ministre Guofeng n'est averti que très tard de la catastrophe, par un certain Li Yulin, mineur de son état, qui, six heures durant, a conduit une ambulance pour gagner la capitale. Il lui faudra plusieurs jours pour organiser les secours.

Pendant ce temps, d'innombrables victimes ensevelies sous les décombres continuent d'appeler à l'aide. Bientôt, des avions survolent la zone sinistrée, larguant des milliers de litres de désinfectant pour tenter d'enrayer d'éventuelles épidémies. Des colis de nourriture et de premiers soins sont également parachutés. Les troupes de l'Armée de libération du peuple arriveront plus tard. Leur équipement se révélera terriblement insuffisant : souvent, les militaires seront forcés de déblayer à mains nues.

Il faudra attendre le 4 août avant que le Premier ministre ne daigne rendre visite aux rescapés de Tangshan pour leur faire part de ses condoléances. Jiang Qing, la femme de Mao, n'a pas ces prévenances : à cette époque, la Bande des Quatre concentre ses forces sur un tout autre objectif — mettre Deng Xiaoping hors d'état de nuire. « Plusieurs centaines de milliers de morts, commente l'épouse de Mao, et alors ? Les méfaits de Deng Xiaoping concernent huit cents millions de personnes, eux. »

À ce moment, Walter et Doris ont déjà quitté le pays.

. August 3, 1976
Doris has called her mother. She is alive,
. and so is my son, may the Lord be thanked
a thousand times. But Gerald is dead, and
the human casualties are reportedly enormous.
" A catastrophe out of proportion ", whispered
Leah over the phone.
After which she uttered a few deep-felt
Yiddish on the difficulty of bringing up children,
whatever their age; then she burst into tears,
strangely relieved.

JOURNAL INTIME DE DAVID. 3 AOÛT 1976. *Doris a appelé sa mère. Elle est en vie, et mon fils aussi, l'Éternel en soit mille fois remercié. Mais Gerald est mort, lui, et les pertes humaines paraissent considérables. « Une catastrophe hors de proportion », susurre Leah dans le combiné. Après quoi elle profère quelques malédictions yiddish bien senties sur la difficulté d'élever des enfants, quel que soit leur âge, puis elle éclate en sanglots, mystérieusement soulagée.*

« *Doris m'a appelée de Hongkong le 3 août, raconte Leah, un mardi. Elle m'a dit "Maman, il s'est passé quelque chose de très grave. Mais nous allons bien, Walter et moi. Nous rentrons." À la télévision, ils avaient annoncé qu'il y avait eu un tremblement de terre près de Pékin avec de nombreuses victimes, et c'était tout. Sur le moment, je n'ai absolument pas réalisé que j'avais failli perdre ma fille et mon neveu. L'ampleur de la catastrophe était tout à fait hors de notre portée. Et je crois que c'était mieux ainsi.* »

La Chine, qui refuse catégoriquement toute aide extérieure (y compris celle du Comité international de la Croix-Rouge) ne reviendra sur les conséquences du cataclysme qu'en 1979, par l'agence de presse Xinhua. En attendant, elle exhorte ses citoyens à « faire face ». D'une certaine façon, la catastrophe sonne le glas de la Révolution culturelle chinoise.

Le 9 septembre, Mao Zedong rend son dernier souffle. Un mois après, Guofeng fait arrêter la Bande des Quatre et prend les pleins pouvoirs.

« *Après le tremblement de terre, conclut Doris au cours d'une discussion ultérieure, nous sommes restés six jours en Chine, dont cinq à Tangshan, et nous avons essayé d'aider la population. Ça n'avait vraiment rien d'héroïque : il n'y avait que cela à faire. Nous dormions peu, excessivement mal. Personne ne nous prêtait attention. Nous sommes parvenus à rejoindre Pékin à bord d'un camion médicalisé en nous faisant passer pour des médecins australiens. J'avais perdu mes papiers, Walter possédait encore les siens. C'est lui qui s'est occupé de tout. Il nous a conduits au bureau de liaison américain où nous avons été reçus* par Thomas S. Gates Jr., qui était plus ou moins ambassadeur à l'époque, et nous a beaucoup, beaucoup aidés[1]. Je me trouvais en état de choc : je suis restée alitée trois jours sur place tandis que Walter se démenait pour essayer de faire rapatrier le corps de Gerald dans son Wisconsin natal.

Les démarches ont continué à l'occuper bien après notre retour. Hélas, elles n'ont jamais abouti. (Elle renifle.) Nous avons profité d'un vol diplomatique Pékin-Washington pour rentrer au pays. Walter est resté en contact étroit avec Thomas S. Gates Jr. après les événements. Il a même assisté à ses funérailles, à Philadelphie, en mars 1983. Je m'y serais rendue moi aussi si j'en avais eu la possibilité. Sans le secours de cet homme, nos derniers moments en Chine auraient été tout bonnement intolérables. De Washington, nous avons pris un car pour New York. Je ne pouvais plus m'arrêter de pleurer. Le contrecoup…

Nous nous sommes rendus directement à l'agence. Ralph nous attendait, il avait été prévenu. Quand nous avons poussé la porte, il s'est levé d'un bond et nous a serrés dans ses bras. Walter a laissé tomber une pellicule photo par terre. Il n'y avait rien à ajouter. »

---

1. Secrétaire américain à la Défense sous le président Eisenhower entre 1959 et 1961, il a été chef du Bureau de liaison des États en Chine en 1976-1977.

voyages
à l'intérieur

En 1977, Ralph et Joan déménagent à Brooklyn : une maison, cette fois, un étage, une chambre par enfant et un cabinet pour Joan, officiellement établie comme psychanalyste.

« *Matériellement parlant, explique Ralph lors d'un déjeuner dominical improvisé qui me fournit l'occasion idéale d'interroger conjointement les quatre membres de la famille (avec la promesse, plus ou moins tenue, que personne ne se couperait la parole), notre situation à Manhattan était alors intenable. Tout est devenu plus simple à Brooklyn. Joan disposait enfin du calme tant réclamé, je partais à l'agence en taxi, en métro quand l'envie m'en prenait, Joyce et Bruce suivaient leur scolarité dans une école toute proche : nous vivions, disons, une période apaisée.*

Je me rappelle avoir emmené Bruce à la première de Star Wars. *Je me rappelle qu'il en est ressorti fou de joie. Il ne parlait plus que de ça. C'était un petit garçon très imaginatif, grand lecteur, excellent dessinateur. Il pouvait rester des heures enfermé dans sa chambre sans rien demander à personne. Sa sœur avait un côté plus extraverti, j'allais dire moins réfléchi. J'avais l'impression de me voir à son âge avec mon frère. Joan, elle, travaillait énormément. Elle recevait des patients de 9 heures à 18 heures, 19 heures parfois, tous les jours de la semaine et, bien souvent, elle oubliait de déjeuner. Mais je crois qu'elle adorait cette vie. Le seul problème, c'est que nous nous voyions très peu. Trop peu. Moi à l'agence, elle à son cabinet... Les enfants n'hésitaient pas à se plaindre. »*

Joyce approuve, bras croisés : « *Vous avez été chiants : c'est une réalité. Une année durant, nous avons été éduqués par Karin, la jeune fille au pair, une Suédoise aux cheveux courts qui ressemblait de loin à Jean Seberg*[1]. *Bruce était amoureux d'elle.* (L'intéressé proteste mollement.) *Ma mère la surveillait du coin de l'œil. Mon père, je ne sais pas ce qu'il faisait. Je jouais aux Barbie à l'époque. Une passion assez brève mais assez dévorante. Karin était très gentille. Elle nous préparait les meilleurs spaghettis aux boulettes du monde. De temps à autre, j'échappais à sa surveillance et j'allais me cacher au rez-de-chaussée pour écouter à la porte de ma mère. Son métier m'intriguait. Comment pouvait-on être payé pour recueillir les secrets de gens ? Un jour, elle s'est levée sans bruit et a ouvert d'un coup : j'ai failli me casser le nez. Prise sur le fait, la petite Joyce. Karin a subi les pires remontrance et je ne suis plus descendue après ça. Est-ce que j'en voulais à mes parents ? Bof. J'étais seulement une petite fille*

---

1. *Actrice américaine, icône de la Nouvelle Vague, ayant joué dans* À bout de souffle.

égocentrique et dramatiquement exigeante. Oui, je sais, je n'ai pas changé. (Rires.) Un matin, Karin a appris la mort d'Elvis Presley à la radio. Elle pleurait sur son lit, comme une fontaine. Je me suis mise à pleurer aussi et nous avons écouté des disques toute la journée, parce que j'étais malade ce mercredi-là et que mon père se trouvait à l'agence. Sauf que les disques d'Elvis, c'étaient les siens — il y en avait même un qu'il s'était fait dédicacer par le King lors d'une séance photo au Hilton International Hotel de Las Vegas le 31 juillet 1969 (je me souviens de tous les détails : la date avait été inscrite sur la pochette à côté de l'autographe). Et là, tiens-toi bien ! J'ai fait tomber le disque en question dans les toilettes. Eh oui. Ah, ah, la tête que mon père a faite en rentrant ! La même tête que quand je lui ai annoncé, juste avant de partir au Rwanda, que j'étais enceinte de jumeaux. Sauf que cette fois, ce n'était pas une blague et que je me suis pris une gifle. Pour le reste, monsieur et madame Ralph Mendelson étaient tellement occupés qu'ils n'ont même pas eu le temps de réaliser que leur fils avait un problème. C'est Karin qui s'en est rendu compte. »

✼

Un soir, Bruce rentre de l'école et se met directement au lit sans même faire ses devoirs. Un peu fiévreux, il se déclare « fatigué ». Nous sommes en janvier 1978 et il n'a pas neuf ans. Karin le met en pyjama.

« *C'est là qu'elle a remarqué mes bleus, raconte l'intéressé. J'en avais sur les jambes, un peu sur les bras aussi, et même sur le ventre. Karin a ouvert de grands yeux. Avec son accent inimitable, elle m'a demandé si je m'étais battu. J'ai secoué la tête. Mon père se trouvait encore à l'agence. Karin a attendu que ma* mère en finisse avec ses patients pour la prévenir. Le lendemain, j'étais chez le médecin. Pâle, avec des cernes sous les yeux et des douleurs au ventre. "Il manque peut-être de fer, a hasardé le praticien. Nous allons faire des analyses." La prise de sang a été une épreuve. Je détestais les piqûres et les laborantines se sont mises à trois pour me maîtriser. Quelques jours plus tard, il a rappelé ma mère. Il lui a dit qu'il désirait la voir sans moi. Elle lui a demandé si tout était normal, et il lui a simplement répété ça : qu'il désirait la voir. »

« Il s'appelait Robert McGray, poursuit Joan. La cinquantaine, un peu bourru. Nous ne le connaissions pas très bien : c'était le premier médecin que nous avions appelé en nous installant à Brooklyn et, jusqu'à présent, nous n'avions eu affaire à lui que pour des broutilles. Quand je suis arrivée ce jour-là, j'ai compris que quelque chose clochait. C'était un matin de pluie glacée, il se tenait debout face à sa fenêtre, et moi j'attendais en me rongeant les ongles.
"J'ai de mauvaises nouvelles." Il s'est assis. Les analyses de sang n'étaient pas bonnes. Bien entendu, il allait demander des prélèvements complémentaires, mais il ne voulait pas me mentir : Bruce avait probablement une leucémie. "J'aurais préféré qu'il soit un peu plus jeune, a-t-il poursuivi. Statistiquement parlant, l'âge est un facteur aggravant. Je le répète, nous devons poursuivre l'exploration. Mais si c'est bien ce que je crains, il va falloir hospitaliser votre fils." Je me suis recroquevillée sur ma chaise. Le docteur McGray m'a tendu une boîte de mouchoirs. "Pleurez maintenant, a-t-il dit. Parce que dès que vous serez sortie d'ici, il va falloir vous battre, madame Mendelson. La clé de notre succès réside en grande partie dans notre combativité."

J'ai relevé la tête. Poings sur la table, buste redressé, regard étincelant : Robert McGray s'était métamorphosé. J'ai essayé de sourire à travers mes larmes pour lui montrer que j'étais forte et je lui ai demandé quelles étaient les chances de survie de mon Bruce. Il a secoué la tête. "Ne nous aventurons pas sur ce terrain. Les chiffres seuls ne signifient rien. C'est soit oui, soit non, vous comprenez ? Vous devez vous concentrer sur le oui." Je serrais mon sac contre moi. "Donnez-moi seulement votre saloperie de statistique." Il s'est renversé sur sa chaise. "En colère, hein ? Très bien, soyez en colère. Mais je ne veux plus jamais que nous parlions de ça ensuite, OK ? Croyez-moi, ça ne vous aidera pas." J'ai hoché la tête. "D'après les dernières estimations, a repris le médecin, les chances de survie de votre fils, si le diagnostic de leucémie aiguë lymphoblastique est confirmé, s'élèvent à 45 %." Les murs de la pièce se sont mis à trembler. "Vous voulez un verre d'eau ?" a demandé McGray. J'ai fait signe que non. Je lui ai demandé de répéter ; il a secoué la tête. "À présent, a-t-il déclaré en arrachant une feuille à son bloc-notes, mettons au point notre plan de bataille." »

Les analyses complémentaires commandées par le docteur McGray confirment son diagnostic. À l'annonce de la nouvelle, Karin s'effondre.

« Le jour où elle a su, raconte Joyce à son propos, elle nous a conduits dans sa chambre et elle nous a serrés très fort contre elle. Ensuite, elle m'a fait jurer que je serais toujours là pour mon frère. Elle sanglotait comme une perdue. J'étais très impressionnée, trop, sans doute. Évidemment, j'ai juré. »

Ralph et Joan, eux, affrontent la situation le plus bravement possible.

L.A., January 29, 1978

My dear, dear nephew,

A short note, following the phone conversation I had with your spouse, to repeat to you in writing the words that seem to me essential in such circumstances.

We form a family, so we will go through the ordeal together.

I'm here for you, Ralph, for you all, as I have always been, may the Lord be my witness.

Your son is going to pull through, das hartz wir gezogt, he's going to hang in there, he doesn't have a choice.

You will live through difficult moments, but you will overcome them. Please know that you can all call me at any time, night or day...

I remain for better or for worse, your old aunt,

Leah

LETTRE DE LEAH À RALPH. *L.A., LE 29 JANVIER 1978. Mon très cher neveu,
Ce petit mot, suite à la conversation téléphonique que j'ai eue avec
ton épouse, pour te redire, par écrit, les mots qui me semblent essentiels
en pareilles circonstances. Nous formons une famille : nous allons
traverser cette épreuve ensemble. Je suis là pour toi, Ralph, pour vous,
je l'ai toujours été, l'Éternel m'est témoin. Ton fils va s'en sortir,
dos hartz hot mir gezogt[1], il va s'accrocher, il n'a pas le choix.
Vous allez passer des moments difficiles, mais vous les surmonterez.
Sache que vous pouvez m'appeler à n'importe quelle heure du jour et de
la nuit... Je reste, pour le meilleur et pour le pire, ta vieille tante Leah*

---

1. « Mon cœur me l'a dit. »

« *Mon père a choisi ce moment pour mettre de l'ordre dans sa vie, raconte Bruce. Il avait toujours agi selon une dynamique d'actions et de réactions. Il était parti au Vietnam pour se pardonner sa passivité, il en était revenu pour fonder une famille, il s'était impliqué dans l'agence pour faire vivre cette famille. Désormais, il allait se consacrer à moi quasi exclusivement.* »

Joan opine. « *Il a été présent, merveilleusement présent. Et il est une chose dont je lui sais gré, par-dessus tout : c'est de ne m'avoir jamais montré sa peur. Car, pour ma part, j'étais terrifiée.* »

Grâce à l'intercession du docteur McGray qui y a longuement officié comme interne, Bruce Mendelson est admis au sein du Morgan Stanley Children's Hospital, l'un des établissements pédiatriques les plus prestigieux des États-Unis. Dès fin janvier, il subit une nouvelle batterie d'examens. En février 1978, il est hospitalisé.

« *Aujourd'hui, rappelle Bruce, un enfant atteint de leucémie aiguë lymphoblastique possède 80 % de chances de s'en sortir. À l'époque, on était à peu près à la moitié de ce chiffre : le médecin ne mentait donc pas. Pour ma part, je n'avais pas la moindre idée de ce qui était en train de se jouer. Tout ce que je savais, c'est que j'allais manquer l'école et rester longtemps à l'hôpital à cause d'une maladie de mon sang. Dix ans plus tard, je me suis avidement documenté sur ce qui m'était arrivé, et je me suis inscrit comme bénévole dans une association d'aide aux familles. Je peux te faire un petit cours de rattrapage : la leucémie se caractérise par une prolifération anormale et excessive de cellules malignes produites par la moelle osseuse. Ces cellules, appelées blastes, finissent par envahir complète-*

ment la moelle puis le sang alors qu'elles ne sont pas aptes à remplir leur rôle normal. Les effets de la leucémie aiguë lymphoblastique sont l'accroissement exagéré, incontrôlé, et l'accumulation de ces blastes, couplés au blocage de la production des cellules normales de la moelle. Ils se traduisent par des déficiences importantes en globules rouges, plaquettes et globules blancs. »

Bruce reprend son souffle. « Les leucémies aiguës sont d'abord traitées par une chimiothérapie intensive, généralement longue, dont le but est de détruire les blastes. Le problème, c'est que les cellules "normales", en particulier certaines d'entre elles (de la moelle osseuse, du cuir chevelu, du tube digestif), y sont également sensibles : c'est la raison, notamment, pour laquelle on perd ses cheveux. Personnellement, j'ai reçu des injections de prednisolone, de vincristine, d'asparaginase et de daunorucibine. Après la chimiothérapie, le patient n'est plus capable de renouveler seul les cellules de son sang et de son système immunitaire. Il se trouve alors en phase d'aplasie. Pendant cette période, il a besoin de nombreux soins complémentaires et en particulier de transfusions. Et il est placé en chambre stérile. C'est ce qui m'est arrivé, pendant huit semaines. Les huit semaines les plus éprouvantes et les plus bizarres de ma vie. J'étais prisonnier d'une bulle. Je mangeais des plats sans sucre et sans sel. Les infirmières qui venaient me voir portaient des gants et des masques. J'étais susceptible d'attraper tous les microbes du monde. Surtout, j'étais écrasé par un ennui incommensurable. Rien à faire, et les visites de la famille, derrière le rideau de plastique, étaient si pénibles et poignantes qu'elles me faisaient plus de mal que de bien. Huit semaines ! Pire qu'en prison. »

Joan renchérit. « *Personne ne peut comprendre, à moins de l'avoir vécu, ce que c'est de voir son fils dans une telle situation. Pour le coup, c'est moi qui ai entamé une analyse. Je perdais pied, on ne peut pas le dire autrement. Bruce était chauve, évidemment, et amaigri, et il toussait beaucoup, il avait des aphtes, des démangeaisons et des maux de tête que rien ne semblait pouvoir soulager. Mais il s'est battu, comme tous les enfants de cet âge le font. Nous nous sommes serré les coudes, tous les quatre. Le jour de son retour parmi les vivants, nous avons fait une fête de tous les diables.* »

⌇⌇⌇

Mis au courant de l'état de son petit-fils, David s'implique à son tour dans la bataille et vient lui rendre visite chaque fois que possible.

« *L'hôpital était situé au croisement de Broadway et de la 165ᵉ Rue, dans les hauteurs de Manhattan, raconte Ralph. Mon père se rendait là-bas en bus. Pour lui, c'était comme un pèlerinage. Il s'efforçait de ne pas nous croiser. Il apportait des jouets* Star Wars *à Bruce, et des comics aussi, et des plaquettes de chocolat, tel un vrai contrebandier. Ils ont eu de très longues discussions tous les deux, pendant de longs mois : mon père était, je crois, le mieux placé pour ce genre d'exercice. Pour autant, il n'a jamais douté de l'issue du combat. Son petit-fils s'en sortirait, il ne cessait de nous le répéter. Un lien s'était noué au Morgan Stanley Hospital, une histoire de plus.* »

Bruce approuve avec enthousiasme. « *Mon grand-père venait, il prenait une chaise, il sortait un livre pour m'en lire un passage, ou bien il rangeait directement les cadeaux dans*

April 6, 1978

Another visit to the Morgan Stanley Children's Hospital. Bruce was asleep when I arrived, so I sat down and read the paper. When he woke up, he turned his head toward me: "I was dreaming of you and grandma." I lay my hand on his and asked him to tell me his dream. He ran his hand over his head as if to check if his hair hadn't grown during his nap. "You were walking in a park" he began. "Probably Central Park but I'm not quite sure. There was a wind, a lot of wind. At one point, Helena flew away. You tried to keep her down but you didn't succeed. But it wasn't sad, you know? Because she was laughting. She seemed happy."

I looked him in the eye. "God sometimes speaks to us in his dreams. Sometimes he offers us throughs that are lighter than the wind, to dispel our doubts and sadness. It's a gift we should be thankful for." That's what I would have liked to tell him, but the truth is, I was unable to pronounce the slightest word. My eyes were misty with tears. I stood up and

. walked to the window. " Grandpa ? " my grandson
was worried. I turned round. Dear God, I thought,
. please let this child get well.

JOURNAL INTIME DE DAVID. 06 AVRIL 1978. *Nouvelle visite au Morgan Stanley Children's Hospital. Bruce dormait quand je suis arrivé. Je me suis donc assis et j'ai lu le journal.À son réveil, il a tourné la tête vers moi. « Je rêvais de toi et de grand-mère. » J'ai posé ma main sur la sienne et je lui ai demandé de me raconter son rêve. Il a passé une main sur son crâne, comme pour vérifier que ses cheveux n'avaient pas repoussé pendant sa sieste. « Vous marchiez dans un parc, a-t-il commencé. Probablement Central Park, je ne suis pas très sûr. Il y avait du vent, beaucoup de vent. À un moment, Helena s'est envolée. Tu as essayé de la retenir, mais tu n'y es pas arrivé. Mais ce n'était pas triste, tu sais ? Parce qu'elle riait. Parce qu'elle semblait heureuse. » J'ai plongé mon regard dans le sien. « Il arrive que Dieu nous parle dans nos rêves. Il arrive qu'Il nous inspire des pensées plus légères que le vent pour dissiper nos doutes et notre tristesse. C'est une grâce dont il nous faut être reconnaissant. » Voilà ce que j'aurais aimé lui dire. La vérité, c'est que je n'ai pas réussi à prononcer le moindre mot. Mes yeux s'étaient embués de larmes. Je me suis levé et j'ai marché à la fenêtre. « Grand-père ? » Mon petit-fils était inquiet. Je me suis retourné. Mon Dieu, ai-je songé : fais que cet enfant s'en sorte.*

mon armoire pour "plus tard", et nous discutions : de sa vie à lui, de la mort d'Helena, des défunts en général. Dieu arrivait parfois sur le tapis, bien sûr, mais jamais gratuitement. Mon grand-père avait pris un coup de vieux depuis qu'il était veuf, c'était vraiment un monsieur âgé maintenant, mais il avait conservé toute sa lucidité et son humour — et parler de Dieu était son privilège. Quatre ans plus tard, quand E.T. l'extra-terrestre

*est sorti au cinéma, il m'a téléphoné. "Tu as vu ? On parle de
toi sur grand écran, mazel tov[1] !" Il appuyait ses bons mots
d'un petit rire retenu. À d'autres moments, il se faisait terriblement sérieux. "Dieu est toujours là, m'expliquait-il. Il regarde
comment tu te débrouilles. Il se moque de savoir ce qui est gai
ou ce qui est triste. Il n'y a que ce qui est juste qui L'intéresse.
Quoi qu'il arrive, ne Le blâme pas. Ronge l'os que le sort t'a jeté,
c'est ce que me répétait le rabbin d'Odessa quand j'étais petit.
J'en ai rongé, des os ! Voudrais-tu venir à la synagogue un jour
avec moi ?" Je hochais la tête. J'adorais mon grand-père. Il
n'avait pas son pareil pour les vieilles histoires de golems pra-
guois, de mages kabbalistes, de mystiques pourchassés — toute
la nostalgie des aventures qu'il n'avait jamais vécues. Il me
parlait des montagnes du Mexique, de son illumination là-
bas, d'Adolf Hitler et de Charles Lindbergh, il était un livre à lui
tout seul.* »

❧

En avril 1978, Bruce sort de sa chambre stérile. En dépit
des effets secondaires, son organisme a plutôt bien réagi à
la cure d'induction (chimiothérapie originelle) et les médecins préconisent désormais de longues séances de consolidation. Le docteur McGray, qui suit toujours le dossier,
préfère se montrer prudent : ce n'est qu'après ces séances
qu'on pourra réellement en savoir plus. À tout hasard, et
dans l'hypothèse d'une greffe de moelle osseuse, on se met
en quête d'un donneur compatible. Or il y en a un tout
trouvé : sa sœur.

---

1. « *Bonne chance !* »

« *Nos parents ne m'en ont pas parlé sur le moment, explique* Joyce, *c'était inutile et prématuré. Mais parfois, nous en plaisantons, Bruce et moi. Il me rappelle que je suis une sale petite égoïste, que je ne fais aucun effort. "Tu peux crever", est ma réponse. Nous rions à gorge déployée. Toutes les familles n'ont pas à leur disposition un tel sujet de plaisanterie.* »

Au cours de l'été suivant, Bruce quitte l'hôpital pour une poignée de jours histoire de prendre des vacances en famille. Puis c'est le retour à la chimiothérapie et à son cortège d'effets secondaires.

« *J'ai fait trois angines, se souvient Bruce. J'avais tout le temps mal quelque part : aux articulations, à la nuque, à l'abdomen. Je saignais abondamment des gencives. Surtout, je commençais à trouver le temps très long. Un professeur venait me donner des cours de soutien, et il y avait mes parents, et ma sœur, et mon grand-père, et des amis aussi, mais ça ne remplaçait pas la vie, ça ne valait en rien le monde du dehors. J'avais l'impression qu'une multitude d'histoires se racontaient sans moi, à l'extérieur. Je me revois, debout devant ma fenêtre, dans ma robe de chambre trop grande. C'étaient des moments vraiment difficiles.* »

Le traitement se prolonge un an encore. De rémissions encourageantes en craintes de rechute, Ralph et les siens calquent leurs humeurs sur les résultats d'analyses sanguines de Bruce.

« *Ça a été une année compliquée, reconnaît le fils de David. Walter me reprochait de négliger l'agence, Joyce nous reprochait de la négliger elle, Joan a réussi à se brouiller avec un certain nombre de ses patients et nous avons bien dû parler divorce à vingt ou trente reprises. Mais nous faisions face : nous ne pouvions faire que ça. Le docteur McGray nous soutenait de toutes ses forces et nous fournissait tous les éclaircissements auxquels nous estimions avoir droit. Son aide a été extrêmement précieuse, je dois le reconnaître. »*

Joan acquiesce : « *Entre les ponctions lombaires, les analyses discordantes et les déclarations solennelles de Bruce qui voulait apprendre l'hébreu et devenir rabbin, nous étions un peu perdus. Les choses se passaient aussi bien que possible, pourtant. Les médecins continuaient de repousser l'idée d'une radiothérapie. La progression vers la guérison était lente mais réelle. À partir de janvier 1979, les pontes de l'hôpital ont commencé à évoquer une thérapie "de maintenance" destinée à minimiser les risques de récidive. Évidemment, cela impliquait une injection de vincristine en intraveineuse cinq jours par mois, ainsi qu'une prise orale de corticostéroïdes et d'autres médicaments. Mais par rapport à ce que nous avions vécu, cela nous paraissait une vétille. »*

Avril 1979 : un an après l'épisode de la chambre stérile, Bruce sort de l'hôpital armé de forces nouvelles.

« *On avait installé un poste de télévision dans ma chambre quelques jours auparavant, explique-t-il. Je me rappelle avoir suivi quasi en direct les accords de Camp David, auxquels je ne comprenais rien mais dont ma famille parlait avec passion, entre Menahem Begin et Anouar el-Sadate. Puis ma mère est venue pour m'aider à faire mes valises et ma sœur m'a tendu un poème qu'elle avait écrit à mon intention. J'étais extrêmement heureux de partir, et paradoxalement un peu triste. Je laissais derrière moi une équipe d'infirmières et de médecins formidables,*

presque une seconde famille, sans compter les amis que je m'étais
faits là-bas et dont certains n'avaient pas eu ma chance. Surtout,
je faisais mes adieux à un certain mode de vie qui, aussi dés-
agréable et angoissant fût-il, réservait également quelques sur-
prenants bienfaits. J'avais eu beaucoup de temps pour moi, par
exemple, bien plus que n'en reçoit habituellement un gamin
d'à peine dix ans occupé à toutes sortes d'activités, et j'avais mis
ce temps à profit pour réfléchir. Que deviendraient mes discus-
sions avec mon grand-père ? J'étais comme ces alpinistes d'ex-
ception qui sombrent en dépression après avoir vaincu l'Everest.
L'"après" me faisait peur. »

⚜

À l'aube du 15 avril 1979 — un dimanche —, Ralph entre
dans la chambre de sa fille maintenant âgée de sept ans.
« Debout, là-dedans ! » La petite se frotte les yeux, miaule,
se réfugie sous les draps. Quelques secondes plus tard, c'est
la porte de Bruce, ornée d'un poster de Han Solo, qui est
pareillement poussée. Le jeune garçon se redresse, éberlué. Derrière ses rideaux, il le sait, la nuit règne encore.
Quelle mouche a piqué le pater familias ? Maugréant, le
frère et la sœur descendent pour le petit déjeuner. Déjà
habillés, leurs parents les attendent tout sourire. Il est
6 h 30. Bruce et Joyce prennent place, se disputent
sans conviction le dernier paquet de céréales, puis, enfin,
remarquent l'enveloppe posée entre leurs deux bols. Bruce
l'ouvre. À l'intérieur : quatre allers-retours à Los Angeles
pour un voyage de trois semaines. Joyce Mendelson plisse
le front. « On s'en va ? » Ralph rajuste les manches de sa

veste. « Exact : on s'en va. On met les voiles, on dégage la piste. Nous nous sommes arrangés avec l'école : vacances forcées. Nous fêtons la guérison de ton frère. Objections ? » Bruce saute de joie : « On va chez les cousins ? » Joan repousse sa chaise à son tour. « Oui, on va chez Alfred, et chez Shirley aussi. Seulement, l'avion part dans trois heures. Alors finissez-moi ces céréales en vitesse et montez vous habiller. Les valises sont prêtes, le taxi ne devrait plus tarder. »

La petite famille arrive à Los Angeles en début d'après-midi : direction Burbank et la maison d'Alfred. L'accueil est triomphal. Coiffé d'une casquette des Dodgers, Alfred enfonce celle des Yankees sur l'occiput de Bruce. « Et voilà notre champion ! s'exclame-t-il. Un double bravo pour lui[1] ! » Judith descend à son tour. Posant un genou à terre, elle étreint le jeune garçon. « Je suis tellement, tellement fière de toi ! » Ralph laisse tomber les valises. « Et David Jr. ? » Le père de l'intéressé hausse les épaules. « Dans sa chambre, je suppose. Il ne va plus tarder. »

Le fils d'Alfred est désormais dans sa treizième année. L'été prochain, il fera son entrée à la Yeshiva University High School of Los Angeles pour garçons située sur West Pico Boulevard, à cinq minutes en voiture de son ancienne école. Sa kippa bien en place, il descend solennellement les marches, s'arrête sur la dernière, donne l'accolade à Bruce. « Il paraît que tu as beaucoup prié. David m'a raconté au téléphone. J'ai prié aussi. Félicitations. » Sans rien ajouter, il étreint son cousin puis, s'inclinant, salue sa cousine qui le dévisage, décontenancée.

---

1. *Allusion à la victoire des New York Yankees sur les Los Angeles Dodgers en finale des World Series de base-ball en octobre 1978.*

« *Je ne l'avais pas vu depuis toute petite, explique Joyce.
Autant dire que je ne le connaissais pas. Il avait l'air si sérieux
et si pédant que j'ai éclaté de rire. C'était plus fort que moi.
Inutile de dire qu'il l'a plutôt mal pris. Ce que je n'avais pas
prévu, c'est que Bruce, de son côté, tomberait littéralement en ado-
ration. C'était le moment idéal pour ces deux-là : pour résumer,
mon frère sortait d'un long tunnel, il venait de voir la lumière,
et David Jr. cherchait désespérément quelqu'un à convertir. Nous
ne sommes restés que deux jours à Los Angeles mais les garçons
ne se sont pas quittés d'une semelle : je préfère ne pas savoir de
quoi ils ont discuté. Quand nous sommes rentrés à New York, mon
frère a supplié mes parents de l'inscrire dans une école religieuse.
Ce qu'ils ont fait, à ma grande surprise.* »

Bruce sourit. « *C'est la vieille légende familiale selon laquelle
David Jr. aurait orchestré mon arrivée dans le royaume de Dieu.
La vérité, c'est que mon questionnement était largement anté-
rieur à notre rencontre. Cette année-là, j'ai seulement découvert
un jeune garçon bien dans sa peau, sûr de ses choix et rayon-
nant d'une authentique joie intérieure. Il faut savoir que nous
nous connaissions à peine, à l'époque. Ça a été une découverte
pour nous deux. Et nos parents devaient être ravis. Deux dévots
dans la famille, deux jeunes dévots séparés par 2 444 miles mais
liés par la même passion pour Dieu – c'était la relève assurée !* »

Le lundi soir, Ralph et sa tribu sont invités chez Shirley,
dans les hauteurs de Mulholland Drive. Leah assiste au
dîner, elle aussi, avec le jeune Scott, quinze ans, qui semble s'ennuyer à mourir.

« *Nous étions trop jeunes pour lui, raconte Joyce, pas intéressants. Après le repas, il a filé dans sa chambre et a tourné le*

verrou. On entendait quelques accords de guitare. Mon père s'est raclé la gorge. "Et Tammy ?" Dans le salon, il y avait des photos d'elle, magnifiques. Je l'avais vue deux ou trois fois à New York mais jamais dans ce genre de robes. J'avais sept ans. Pour moi, c'était une princesse. »

Par l'entremise de sa mère, Shirley a trouvé un travail de secrétaire au Westside Jewish Community Center sur West Olympic Boulevard.

« Elle semblait heureuse, poursuit Joan, autant qu'elle pouvait l'être. Sa maison était décorée avec soin, la vue sur la ville était à couper le souffle. Elle s'était acheté une nouvelle voiture d'occasion, une Ford Maverick de 1973, et elle se réjouissait de l'entrée prochaine de son neveu David Jr. au lycée, lequel ne se trouvait pas très loin de son travail. Scott ne comblait sans doute pas toutes ses attentes. De manière tout à fait inconsciente, je pense qu'elle reportait ses espoirs sur son neveu. Il était le Juif parfait, celui qu'elle n'avait pas engendré — le succès qu'on lui avait refusé, l'avenir dont elle s'était crue amputée. Malgré leur faible différence d'âge, lui et Scott n'avaient strictement rien en commun. »

Joyce renchérit. « Je n'ai commencé à connaître vraiment Scott qu'au début des années quatre-vingt-dix. Il ne méprisait pas David Jr., il n'avait rien contre mon frère non plus, mais il était incapable de les comprendre. Il n'était pas du même monde, voilà. Quand ils sont partis tous les deux en Israël, son seul commentaire a été : "Conneries !" À ses yeux, quiconque n'avait jamais fumé un joint de sa vie n'était pas digne de confiance. En définitive, il s'intéressait beaucoup plus à sa sœur et à moi. Aujourd'hui, nous nous entendons à merveille. »

La soirée chez Shirley se prolonge tard dans la nuit. Des anecdotes sont passées en revue, des fous rires éclatent, des larmes tendres sont essuyées. Joyce s'est endormie sur le canapé du salon, Scott est resté dans sa chambre, et David Jr. a invité Bruce dans celle de Tammy : probablement, ils discutent encore de Dieu. Sortis sur la terrasse, Ralph et Joan, Alfred et Judith, Leah et Shirley, serrés les uns contre les autres, contemplent l'immense Cité des Anges. Un air douceâtre monte de la plaine, fait frémir les palmiers. Le chaparral, lui, ondule dans la tiédeur. Des mains se nouent, des souvenirs remontent à la surface.

Leah est la première à retourner s'asseoir. Doucement, elle fait tourner son verre de vin. Soixante ans, bientôt, qu'elle habite cette ville. Que de changements ! Harry ne reconnaîtrait rien. Et Louis B. Mayer ? Et tous les disparus, les laissés-pour-compte, tous ceux que le passé a avalés ? Pourquoi la vieille femme a-t-elle toujours eu l'impression de se trouver ici chez elle ? Peut-être parce que Los Angeles ne peut être délimitée par rien. Peut-être parce que le temps n'a aucune prise sur les collines. Des milliers de fantômes hantent ces lieux : ils sont les éclats perdus du rêve américain, les vestiges pâles qu'aucune pellicule n'a jamais fixés.

～⁂～

« *Nous étions revenus à Burbank, nous avions dormi jusque tard, le matin était gris, avec de gros nuages bas, et notre père s'était absenté, raconte à présent Joyce. David Jr., lui, était sagement reparti à l'école, et Bruce faisait grise mine : pour une obscure raison, il refusait de toucher à ses céréales. Debout*

L.A., April 17, 1979

My dear big brother of the tired eyes,

Spent the evening with my Shirley yesterday, with
Ralph and Joan and the children. Your Bruce
and my David Jr. have become close friends, I have
to say. For all we know, they spent the evening
in Tammy's room revamping the world.
We missed you, old broitgeber! We drank wine,
a California vintage, surprising full-bodied.
We talked a lot about you and your elder son,
about your perilous adventures and your recovered health.
You are feeling well, aren't you? Oh, there were also
songs! Call me when you receive this letters
and maybe I will sing one to you.
Leah.

LETTRE DE LEAH À DAVID. *L.A., le 17 avril 1979. Mon cher grand frère
aux yeux fatigués, Soirée chez ma Shirley hier, avec Ralph et Joan et
les enfants. Ton Bruce et mon David Jr. sont devenus très amis, je dois
te le dire. Pour ce que nous en savons, ils ont passé la soirée dans
la chambre de Tammy à refaire le monde. Tu nous as manqué, vieux
broitgeber[1] ! Le vin a coulé, un cru californien étonnamment corsé.
Nous avons beaucoup parlé de toi et de ton fils aîné, de vos expéditions
dangereuses et de ta santé retrouvée. N'est-ce pas que tu vas bien ?
Oh, et il y a même eu des chansons ! Appelle-moi quand tu recevras
cette lettre et je t'en chanterai une, peut-être. Leah*

---

1. « *Patriarche* »

sur le perron, Alfred fumait cigarette sur cigarette. *Tu peux avoir l'impression que j'invente, tu peux te demander par quel miracle une fillette de sept ans se souvient du moindre détail mais je t'assure que ces images-là sont plus réelles pour moi que n'importe quoi. À un moment, je me suis tournée vers Alfred et je lui ai demandé où était passé mon père. Il n'a pas répondu. Je lui ai posé la question une deuxième fois : il m'a caressé les cheveux. Troisième tentative. Alfred a envoyé sa cigarette dans les airs d'une pichenette et m'a montré la route : "Le voici."*

Un énorme camping-car immaculé s'est maladroitement garé devant la maison. Bruce et ma mère ont surgi à leur tour. La portière avant s'est ouverte, et mon père a sauté par terre. "Combien ? a demandé ma mère. —Tu ne veux pas le savoir", a répondu mon père. Du plat de la main, il a tapé sur la carrosserie. "Dodge Winnebago Brave, a-t-il annoncé avec un franc sourire. Quatre couchages, réfrigérateur, batterie auxiliaire, four et cuisinière au gaz, douche, toilettes, seulement 7 000 miles au compteur. Qui dit mieux ?" Bruce sautait sur place comme un cabri. "Pas moi ! Pas moi !" J'ai attrapé la main de ma mère. "C'est à nous, ça, maman ?" Elle a hoché la tête. Je ne pouvais pas le croire. "Où est-ce qu'on va ? demandait mon frère en tapant dans ses mains, où est-ce qu'on va, papa ?" Mon père s'est adossé à la cabine. "Le Grand Ouest, fiston. L'aventure." Je me rappelle que nous avons hurlé de joie. »

« *Nous avions préparé cette surprise avec le plus grand soin, poursuit Joan. Des semaines durant, nous avions réfléchi à notre itinéraire. Alfred nous avait déniché ce camping-car d'occasion —la femme du propriétaire l'avait quitté, il voulait soi-disant s'en débarrasser rapidement. Ralph s'est occupé des*

204

négociations mais il n'a jamais voulu me dire le prix. Je le soupçonne de s'être quelque peu emballé. » L'intéressé secoue la tête. « *Aucun commentaire.* »

Joan hausse les épaules. « *L'idée était celle d'un voyage de trois semaines à travers les parcs nationaux de l'Ouest. Bruce nous parlait souvent de ces parcs à l'hôpital, un peu comme d'un rêve inaccessible. Voir notre fils sourire ainsi et sautiller et serrer les poings valait tous les efforts du monde.* »

Ralph se lève, sort de la pièce et revient avec une carte de l'Ouest américain qu'il déplie sur la table. Nous nous penchons tous. « *Mon Dieu, murmure Joyce, je crois que je vais pleurer.* »

Son père pointe Los Angeles. « *Départ : ici. Puis direction San Bernardino et la Route 15, vers Barstow, et la 40, le long du désert Mojave. Cap sur Flagstaff et le Grand Canyon, le parc national de Petrified Forest, puis le canyon de Chelly, par de petites routes, et Montezuma Creek, Monument Valley, la forêt de Kaibab et le parc national de Zion, où nous retrouvons la Route 15. Après quoi, cap sur Las Vegas pour montrer les casinos aux enfants, et retour à Los Angeles. Tout ça en vingt jours. Ensuite, il a fallu reprendre l'avion pour New York, car Bruce devait encore subir sa chimiothérapie de consolidation.* »

Joyce sourit. « *Tu as un don pour raconter les histoires, papa.* » Elle se tait un instant, réfléchit : « *En fait, je crois que chacun possède des souvenirs très personnels de cette aventure. Pour moi, ça a été trois semaines merveilleuses, point à la ligne. Quand je suis retournée là-bas avec Mike* [son petit ami de l'époque], *ça n'a pas été aussi bien. D'ailleurs, nous nous sommes séparés dès notre retour. Et toi, Bruce, qu'est-ce que tu as préféré ?* »

Son frère se gratte le menton. « *Les nuits. Les nuits avec vous à la belle étoile, sous les arbres déployés, la lune si claire, le vent – et même la neige, une fois. Les chansons que nous chantions à tue-tête, toutes ces bêtises qui passaient à la radio,* Staying Alive *des Bee Gees,* You're The One That I Want *de John Travolta et Olivia Newton-John,* It's a Heartache *de Bonnie Tyler.* (Il ferme les yeux, se met à chanter, et sa sœur fredonne avec lui :) It's a heartache, Nothing but a heartache, Hits you when it's too late, Hits you when you're down, It's a fool's game, Nothing but a fool's game, Standing in the cold rain, Feeling like a clown. » Et Ralph fait mine de se boucher les oreilles : « *Oh non, pas ce cauchemar encore !* », et tout le monde éclate de rire.

Joan devient songeuse. « *Une fois, à Zion Park, ça a vraiment failli mal tourner. Nous étions partis pour une randonnée de deux jours avec sacs à dos, duvets et rations lyophilisées. Mais en fin d'après-midi, le premier jour, il s'est mis à pleuvoir à torrents et nous avons été forcés de nous réfugier sous un auvent rocheux. Des brumes montaient du sol, le vacarme était assourdissant, et puis l'orage s'en est mêlé : ses grondements se répercutaient entre les parois vertigineuses, nous n'étions pas rassurés du tout. L'averse s'en est allée aussi vite qu'elle est arrivée. Elle nous a laissés transis. C'est alors que Ralph a pointé la corniche toute proche. Un puma nous observait : une bête superbe, sur le qui-vive. Justement, je venais de lire une brochure au sujet de cet animal. Les attaques contre des humains étaient rares mais elles existaient, prétendait un garde. Il y avait même eu des morts, une fois ou deux. Des pancartes prévenaient les randonneurs à l'entrée du parc. Nous avons serré les enfants contre*

AVRIL 1979 : UN SOIR PLUVIEUX TOMBE SUR ZION PARK (CLICHÉ DE RALPH MENDELSON, NON DATÉ).

nous. Le puma a sauté à bas de son perchoir sans nous quitter des yeux. Impossible de dire ce qui lui passait par la tête. Avions-nous empiété sur son territoire ? Joyce s'est mise à sangloter. (L'intéressée secoue la tête en signe de dénégation.) *Ralph a tâté ses poches à la recherche d'une arme mais tout ce qu'il a trouvé a été le couteau Bowie que nous lui avions offert pour son anniversaire trois jours auparavant. Indifférent à nos malheurs, le soleil tentait une percée. L'éclat de la lame a brillé sous les ors du crépuscule. Le puma s'était rapproché encore. Longuement, il nous a fixés. Puis il a ouvert la gueule, comme s'il bâillait, et il s'est éloigné en trois bonds. Je ne peux pas vous expliquer à quel point j'étais soulagée. »

Ralph fait la moue. « *Bah, je me serais battu. Ouais, je me rappelle ce satané puma. Il me faisait plutôt rire. Hello ? J'avais été au Vietnam, j'avais vu des hommes crever dans la boue, j'avais vu des visages arrachés et...* »

Sa femme l'interrompt, agacée. « *Nous parlons des parcs nationaux, chéri. Nous évoquons la poésie magistrale des grands espaces : pas le bourbier et les mutilations troubles. Fabrice est en quête de souvenirs. Tenez, en voici d'autres : le jour où Joyce a échappé à notre vigilance et s'est avancée au bord d'un rocher sans barrière de sécurité face aux abîmes du Grand Canyon ; le rituel du soir, quand je montais sur l'échelle menant aux couchettes installées au-dessus du poste de pilotage pour embrasser les enfants ; un bison dans un pré, que Bruce affublait de surnoms idiots et qui s'est mis inexplicablement à charger ; une tempête de neige sur la route, que ni l'un ni l'autre n'ont vue parce qu'ils dormaient à poings fermés ; et ils dormaient aussi à Las Vegas, tiens, quand nous avons remonté le Strip. Et quand elle s'est réveillée, à la vue de tous ces hôtels gigantesques et de ces lumières insensées, Joyce nous a demandé si elle était en train de rêver, et personne n'a répondu ; les photos de Monument Valley, tous ensemble devant les buttes en Technicolor, ces photos prises par un Indien navajo ronchon et qui rompaient cette sorte de pacte tacite, hérité de mon beau-père, voulant que les Mendelson ne se prennent jamais eux-mêmes en photo ; et comment Bruce a providentiellement voilé la pellicule en essayant d'ouvrir l'appareil de sa propre initiative ; un pique-nique à Montezuma Creek, le passage d'un crotale ; des gamelles de haricots rouges, vrais repas de cow-boys, les cris des coyotes sur les hauteurs ; des bracelets dorés achetés à une vieille indienne qui avait touché le front de Bruce en disant "celui-ci est béni". Ai-je oublié quelque chose ?* »

Joyce lève le pouce. « *Tu as oublié de dire que je suis revenue m'installer près de Zion Park.* » Joan soupire. « *C'est vrai, c'est vrai. Je me demande d'ailleurs combien de temps tu vas rester dans la région, cette fois.* » Sa fille sourit : « *Bah. À vue de nez, comme ça, je dirais cinquante ans.* »

un lointain
anniversaire

Juillet 1985 : saisissant le prétexte de la fête nationale, la famille Mendelson presque au complet se réunit
dans la maison de Greenwich pour célébrer, avec un peu
de retard, le quatre-vingt-dixième anniversaire du
patriarche David. Seul Scott manque à l'appel. *« Trop occupé
à rater sa vie, commente sèchement Doris. Mais nous n'allions
pas le laisser faire. »*

C'est une journée splendide : un soleil joyeux s'est hissé
au-dessus des ajoncs, faisant briller les lacs et la mer au loin.
Des mouettes rasent la surface sans crier. Le vieux David est
parti à la pêche dès l'aube, avec ses bottes et son épuisette.
Quand il revient enfin, une immense banderole a été
déployée au-dessus du jardin, et une table a été dressée.

Tammy, Judith, Doris et Joan ont assuré l'intendance sous la houlette de Leah, qui se déplace désormais avec une canne. Tammy et Kenneth sont arrivés avec leurs jeunes enfants : Isaac, né en 1979, et la petite Angela, deux ans, qui trottine déjà partout. David les suit des yeux.

Pour son grand âge, le doyen de la tribu affiche encore une santé remarquable, seulement perturbée par quelques problèmes d'arthrite et une prostate capricieuse. Un orchestre *klezmer* entame un air russe antédiluvien ; le patriarche sourit, nostalgique. Que de chemin parcouru depuis Odessa ! Et toute cette famille réunie autour de lui, tous ces rescapés de la vie, ces fils, ces nièces, ce neveu, ces enfants si grands déjà, galopant sur la pelouse ! Une larme perle à sa paupière, qu'il fait disparaître d'un coin de mouchoir.

Soudain, l'orchestre fait silence. C'est le moment des offrandes. Un objet mystérieux, recouvert d'un drap blanc, attend sur la table. Les flashs crépitent, les encouragements fusent. David soulève le drap. Une superbe menorah[1] s'offre alors aux regards. En bronze doré à l'or fin, signée à la base par Dalì, elle pèse près de vingt-cinq livres et repose sur un socle en pierre de Jérusalem. Cette fois, le vieil homme se laisse aller sans retenue.

Mais ce n'est pas tout. Au côté de la menorah, une enveloppe toute simple attend d'être ouverte. À l'intérieur : deux billets d'avion aller-retour pour Vienne, et une autre enveloppe plus étroite. La seconde enveloppe contient des billets de vols locaux. Rome. Paris. Londres. Jérusalem ! Le départ est prévu la semaine suivante. Terrassé par l'émotion,

1. *Chandelier à sept branches.*

le vieil homme réclame une chaise. Il bredouille des remerciements. Ses deux fils l'entourent, l'embrassent.

Bientôt, tout le monde y va de son étreinte, et le patriarche hoche la tête en souriant, dispensant des bénédictions tel le sage antique qu'il est devenu. Avec qui va-t-il partir ? Il est libre de décider. Doucement, il passe sa tribu en revue. Ses yeux s'arrêtent sur David Jr. À dix-neuf ans, le jeune homme entame sa deuxième année de médecine ; d'après ses parents, il n'exclut pas de devenir rabbin un jour.

Hélas ! moins d'une semaine plus tard, en descendant les marches de son perron, David Mendelson trébuche et heurte violemment le sol. Verdict : fracture de la hanche. Tout déplacement est exclu pour les mois à venir. Les billets ne sont pas remboursables. David Jr., présent au moment de l'accident, tente de réconforter son grand-oncle. Il y aura d'autres occasions. Le voyage n'est que « reporté ».

Le vieil homme secoue la tête. D'autres occasions ? Il ne le croit pas. « Et quoi qu'il en soit, affirme-t-il, l'Éternel m'a envoyé un signe : je suis trop âgé pour entreprendre une telle aventure. Suis-je condamné à suivre le chemin de ma mère, à commettre une folie similaire[1] ? Car c'était une folie, nous devons tous l'admettre. Non, non, David, sais-tu ce que tu vas faire ? » Le jeune homme secoue la tête. « Tu vas partir sans moi. » Protestations, refus — mais le patriarche lève une main. « C'est un ordre, mon fils. Le seul que je te donnerai jamais. Je veux que tu ailles là-bas, en Europe, en Israël. Je veux que tu prennes des photos et

---

1. *Voir le tome 2 de* La Saga Mendelson, Les Insoumis.

que tu me les envoies. Mon unique chance, désormais, est de visiter ces lieux magiques en pensée. Car je sais encore rêver, vois-tu ! Et je veux que tu m'aides à le faire. »

꧁꧂

Éberlué, David Jr. s'entend accepter. Nous lui laissons le soin de raconter la suite.

« Je suis parti la mort dans l'âme, avec une valise, un Fujica STX et une tonne de pellicules. Je m'en voulais de laisser mon grand-oncle derrière moi. J'avais l'impression de dérober quelque chose, je me sentais usurpateur. Mais il avait tellement insisté ! Et au fond de moi, je sentais qu'il avait raison. Je suis donc allé en Europe. J'ai visité tous les musées qui se présentaient sur mon

Rome, ses catacombes juives ; inscriptions en latin et menorah (cliché de David Jr. Mendelson, non daté).

chemin. J'ai discuté avec des gens. J'ai fait des rencontres merveilleuses. J'étais comme un enfant affamé, perdu dans le plus
grand magasin de bonbons du monde. Chaque matin, je me
levais à 6 heures : pas question de gaspiller une seule seconde de
ce temps béni. À Vienne, j'ai visité les endroits où mes arrière-
grands-parents avaient vécu. À Paris, je me suis recueilli dans
la synagogue de la Victoire. À Rome, j'ai découvert les catacombes juives de la Vigna Rondanini.

Puis direction Jérusalem. Je comptais n'y passer que quatre
jours. J'y suis resté plusieurs mois. Il se trouve que… (Il sourit.)
Il se trouve que j'ai parlé avec des étudiants juifs, là-bas. Il se trouve
que je parlais hébreu, que j'avais toujours rêvé de Jérusalem, que
je désirais ardemment étudier dans une yeshiva locale. La tombe
du Roi David, le mont du Temple, le mur des Lamentations…
Au fil des années, je m'étais confectionné un pécule confortable.
En prévision de quoi ? Désormais, je le savais. Je me suis inscrit
à la yeshiva Mir, la plus grande du monde, qui accueillait (et
accueille toujours) des milliers d'étudiants passionnément désireux de parfaire leur connaissance du Talmud. L'institution
était dirigée par Rabbi Binyomin Beinush Finkel — une légende
à Jérusalem. Et le quartier de Beit Yisrael, où j'avais élu domicile, fourmillait de synagogues et de centres d'études.

Quand il a appris ma décision, mon grand-oncle a été fou
de joie. Il a insisté pour m'aider financièrement. Cette fois, j'ai
tenu bon : ma chambre de bonne ne coûtait pas grand-chose, et
pour les cours, je pouvais toujours m'arranger avec mes écono-
mies et de petits travaux de traduction.

Les six premiers mois passés là-bas ont compté parmi les
plus heureux de toute mon existence. Je me sentais comme un
poisson dans l'eau à Jérusalem, Israël était mon pays, le pays

Jerusalem, 28 AV. 5745

Stifling heat, my dear great-uncle,
and greetings on this blessed days! From
the shade of the Wailing Wall into which
I slipped the prayer as you asked me to:
joy and well-being to all the members of
our family, and may this world of madness
and terror find the peace it secretly aspires to.
To which I added my own wild wish, namely
to see you thrive beyond your hundredth
birthday, as valiant as you were on the day
you reached the New Continent more than
sixty year ago.
How is your ip treating you? I hope you
still have many good people around you.
Thank you again for allowing me   to go
on this journey. thank you, thank you! I'm
enclosing a few photos which you will no doubt
be glad to see. I owe you everything: my
being here, the light on my forehead, a
few certainties I will most likely express

When I return. We must be patient, for I might well stay on the Holy City a little longer than planned, even beyond the fortnight I mentioned the other day in my previous letter. In any case you can carry on writing to me at the first address. I embrace you warmly and hope you are really at your best.

Your great-nephew

David Jr.

LETTRE DE DAVID JR. À DAVID. *Jérusalem, 28 Av 5745.*
Une chaleur étouffante, cher grand-oncle, et mes salutations en ce jour béni !
à l'ombre du mur des Lamentations où, ainsi que vous me l'avez demandé,
j'ai glissé la prière : que tous les membres de notre famille conservent la joie et
le bien-être, que ce monde de terreur et de folie trouve enfin la paix à laquelle
il aspire en secret — à quoi j'ai ajouté mon propre souhait féroce : celui de vous voir
centenaire et vaillant tel qu'au jour de votre arrivée sur le Nouveau Continent
il y a plus de soixante ans... Comment va votre hanche ? J'espère que vous êtes
toujours aussi bien entouré. Merci encore de m'avoir permis de faire ce voyage.
Merci, merci ! Ci-joint quelques photographies qui, je n'en doute pas, feront votre
bonheur. Je vous dois tout : ma présence ici, la lumière qui frappe mon front,
quelques certitudes que j'évoquerai sans doute à mon retour.
Patience ! Car il se pourrait bien que je demeure en la Ville Sainte un peu plus
longtemps que prévu, au-delà même de ces deux semaines que j'évoquais l'autre jour
dans ma lettre précédente. À toutes fins utiles, vous pouvez continuer à m'écrire à la
première adresse. Je vous serre contre mon cœur et vous espère réellement au mieux.
Votre petit-neveu, David Jr.

de tous les Juifs, et je considérais les autres membres de ma famille avec un mélange d'incrédulité et de mansuétude. Comment pouvaient-ils habiter aux États-Unis, cette terre impure et sans foi ? J'avais abandonné mes projets d'études de médecine. On verrait cela plus tard, ou jamais. Rien ne pressait. Mon père, lui, était plus ou moins catastrophé. À ses yeux, et aux yeux du reste de la famille j'imagine, j'avais perdu la raison. J'ai entrepris de leur écrire de grandes lettres, à lui et aux autres, pour essayer de leur transmettre un peu de mon exaltation. J'exhortais tous ceux qui se sentaient capables d'"'écouter leur cœur" à me rejoindre en Israël.

Bruce est le seul à avoir prêté attention à mes discours. Dès qu'il en a eu fini avec le lycée, en 1986, il est arrivé à son tour en Terre promise. Le problème c'est qu'à l'époque j'étais déjà reparti et que j'avais repris mes études de médecine. Que s'est-il passé lors des six mois suivants ? C'est ce que j'essaie encore de comprendre aujourd'hui. C'est ce que tout le monde essaie de comprendre : par quel soudain revirement en suis-je venu à délaisser les merveilles de la Torah pour l'éclairage artificiel des salles d'opération ?

Tout au long de l'hiver, sous une pluie glaciale, je me suis rendu aux prières du matin, à celles du soir, aux cours les plus obscurs, aux tablées des rabbins les plus conservateurs. J'ai porté la kippa, le feutre noir, les phylactères, les tsitsit — j'aurais pu avoir trente ans ou cinquante, je ne parlais plus qu'hébreu, je ne parlais plus à grand monde, je me contentais d'écouter. Et puis le printemps est arrivé. J'ai rencontré une jeune fille dont le père était rabbin. Les "tentatives" d'approche se sont étalées sur plusieurs semaines et par tentatives, j'entends : trouver le courage d'adresser la parole à cette charmante personne.

*Ensuite ? Je ne veux pas prononcer son nom, je ne veux pas qu'il
soit écrit. Il s'est avéré que la jeune fille sortait déjà avec un autre
garçon et que, contrairement aux apparences, elle ne mangeait
pas casher, ne respectait pas les rites et ne glorifiait pas Dieu
—du moins pas lorsque son père avait le dos tourné. Et il est
arrivé ceci : un matin de mai, devant une synagogue à laquelle
elle ne se rendait pas, elle s'est effondrée, frappée par la foudre.
En fait, il ne s'agissait pas de la foudre : plutôt d'une rupture
d'anévrisme. Et moi je me tenais là, parce que je suivais cette fille,
et je l'ai regardée mourir, sans réagir, et le surlendemain, à son
enterrement, son propre père m'a entraîné à l'écart et a marmonné
pour ma seule édification quelques aphorismes choisis sur la
vanité de toute expérience humaine et le jugement souverain de
Dieu.* Der mensch tracht und Gott lacht[1], *comme disait Leah.*

*Je me suis souvenu des projets que j'avais fomentés à
Los Angeles. Je me suis souvenu des jeunes étudiantes que j'avais
rejetées là-bas. Je me suis souvenu du sourire de mon père, de
son sourire incrédule, et des fleurs sublimes de ma mère, et de
tous les braves Juifs que j'avais connus et qui n'avaient jamais
essayé de me convaincre que la vie avait un sens ou en tout cas
pas celui-là. Enfin, je me suis souvenu de la main de ce sale type,
cet Anglais —il s'appelait David lui aussi, mais est-ce vraiment important ?—, je me suis souvenu de sa main posée sur la
hanche de cette fille, la veille de sa mort, et de mes pleurs soli-
taires et absurdes et, brusquement, j'ai été pris d'un fou rire, oui,
j'ai éclaté d'un rire libérateur, et j'ai dû quitter le cimetière en
toute hâte, et le rabbin (qui avait quatre autres filles chez lui
et m'avait paru étrangement peu affecté par le décès de sa
cadette) ne m'a plus jamais invité chez lui.*

---

1. « *L'homme fait des projets, et Dieu rit.* »

Il est toujours facile, a posteriori, d'identifier les raisons d'un divorce ou d'une mise à distance. Les Juifs ont le droit, le devoir, même, de demander des comptes à Dieu, de manifester leur scepticisme. J'ai exprimé le mien, un matin de juin en prenant le premier vol pour Los Angeles. Quant à demander des comptes, je m'y exerce chaque jour. Il n'y a pas d'abonné au numéro que vous... Non, non, je suis injuste. (Il sourit.)

Parfois, voyez-vous, je me surprends à m'interroger sur ce qui se serait passé si je n'avais pas rencontré cette fille à Jérusalem. N'avait-elle ouvert les yeux en ce monde que pour me conforter dans mes mauvais penchants ? Excusez ce ton volontairement mélodramatique. Aujourd'hui, je préfère voir les choses sous un angle positif. Je préfère me dire que, si je n'étais pas rentré à

June 26, 1986
David Jr. is in Los Angeles, from where he rang me, exhausted, confused, strangely serene, to tell me a girlfriend of him has died, that he left Jerusalem in a rush and that he has more or less lost faith. We need to talk.

JOURNAL INTIME DE DAVID. 26 JUIN 1986. *David Jr. est à Los Angeles, d'où il m'appelle, épuisé, confus, étrangement rasséréné, pour m'apprendre qu'une amie à lui est morte, qu'il a quitté Jérusalem en trombe et qu'il a plus ou moins perdu la foi. Une discussion s'impose.*

Los Angeles, des dizaines de patients qui vivent aujourd'hui et vont bien ne seraient plus parmi nous. Je préfère me dire, surtout, que je n'aurais pas rencontré Brenda, et qu'Aaron ne serait pas né, et cette pensée-là m'est insupportable. Parfois, et je crois que le moment est venu de le reconnaître, je me surprends à parler tout seul. "Je suis là, Dieu. Je suis là si Tu as besoin de moi, et je veux croire que c'est le cas. Je célèbre les fêtes religieuses, je lis la Torah à l'hôpital, je lis même les Proverbes et je cherche Ta voix, inlassablement, et je crois que c'est très bien ainsi. Je respecte le Shabbat, Dieu, sauf lorsqu'on m'appelle pour une urgence en chirurgie, mais cela est permis, nous le savons. Bon, je ne suis peut-être pas devenu celui que Tu as voulu. Mais peut-être que si. Enfin, envoie-moi un signe si quelque chose ne Te plaît pas dans tout ça parce que, pour l'heure, j'ai vraiment beaucoup de travail." (Il éclate de rire.) »

1986-2000

Appelons ça de l'art

La neuvième et dernière partie de *La Saga Mendelson*, inaugurée avec ce chapitre, est nécessairement la plus courte. Le passé s'apprête à rattraper le présent : il nous manque le recul nécessaire, le halo de brume des histoires enfouies, la patine suave de ce qui a été et ne sera plus jamais. Mais Scott n'est pas du genre nostalgique. Avec une lenteur méticuleuse, comme si ce simple geste était, au fond, dix fois plus important que le plaisir diffus qui va lui succéder, il allume une cigarette.

Nous sommes chez lui, à Portland, en décembre 2003, et une méchante pluie zèbre la vitre de son loft – une surface magnifique, à peine meublée, dans un immeuble refait à neuf de NW Couch Street.

« *Si on m'avait dit un jour que j'atteindrais quarante balais, j'aurais simplement — euh — cligné des yeux, genre, étonné. Je veux dire, ça ne m'aurait même pas fait rigoler. Note bien que mon anniversaire n'est pas encore arrivé.* » Il rit un instant, puis m'indique un fauteuil pivotant en cuir noir. Enfin, debout devant son réfrigérateur, il se retourne : « *Eau plate ou eau gazeuse ?* »

Depuis une dizaine d'années, Scott a arrêté l'alcool. Totalement. Après m'avoir tendu un verre de San Pellegrino, il s'assied en tailleur à même le parquet. Nous avons prévu de « parler de sa vie. » Il m'a promis une discussion sans tabou, et je sais déjà que je peux lui faire confiance.

« *Jusqu'à mes trente ans, je me suis considéré comme le vilain petit canard de la famille. Mon père était mort, ma sœur était morte, j'étais le lot de consolation qui ne consolait personne, ma sœur ne fichait rien, ma mère s'évertuait à prier l'Éternel, et moi, je tenais la terre entière pour responsable. Ce n'est que très récemment que j'ai réalisé que cette famille ne m'avait jamais lâché, que j'étais assez grand pour gâcher ou réussir ma vie tout seul, que la montagne de mes délires avait accouché d'une souris assez inoffensive.* » Il écrase sa cigarette dans un cendrier posé à ses côtés. « *J'ai prévu d'arrêter la clope à mon quarantième anniversaire, précise-t-il. Mon dernier vice. Désormais, je mange bio et je vais à la piscine trois fois par semaine.* »

Scott me sourit. Le mois dernier, il a rompu avec sa dernière petite amie en date — une chanteuse de blues-rock de quinze ans sa cadette qu'il a surprise en train de sniffer de la cocaïne dans sa propre salle de bains. Doigts écartés sur le parquet, il observe le plafond.

« *Bon, par où commencer ? Tu as lu* Les Lois de l'attraction[1], *j'imagine. Eh bien voilà ce qu'ont été mes études : université d'État de Sacramento, section arts & lettres, campus au poil, et de toute façon, je voulais avant tout me barrer de L.A. Nous étions en 1982, d'accord ? J'étais DJ pour une radio rock locale. C'était à peu près tout ce que je faisais : ça et coucher avec toutes les filles qui voulaient bien de moi, attendu que je séchais les neuf dixièmes des cours. Je prenais mon boulot à cœur. Je passais du Lou Reed, hommage aux anciens, Robyn Hitchcock bien sûr, les Virgin Prunes, Siouxie and the Banshees, je possédais tous ces disques gothiques, Killing Joke aussi, et Sonic Youth, Squeeze, les Residents, de toute façon, c'était ça ou ABBA, ça ou Queen, et j'avais ten-dance à ne pas faire dans la nuance. Je suis resté cinq ans à Sacramento, cinq années lamentables, jusqu'à ce que quelqu'un se décide à me virer — pour dégradation de biens publics et atten-tat à la pudeur si je me souviens bien — mais ce n'était pas très grave parce que je venais de faire ami-ami avec un batteur taré et plein aux as, que je jouais moi-même de la guitare depuis trois ans, et que la seule chose que je tenais à faire avant de crever, c'était mon-ter un putain de groupe de rock. Donc, adieu la Californie et direction Albuquerque, d'où mon copain José était originaire.*

Pendant trois années supplémentaires, nous avons vécu dans une sorte de squat — en fait, le garage de ses parents, lesquels ne se souciaient nullement de notre sort — et j'ai travaillé comme bar-man et videur dans un club aujourd'hui disparu (il a brûlé en 1991 je crois) tout en répétant avec José au garage pour un combo qui n'a donné qu'une poignée de concerts dans le désert local. »

Il s'arrête, se frotte vigoureusement les joues, désigne mon verre : « *Encore soif ?* »

---

1. *Deuxième roman de Bret Easton Ellis, sorti aux États-Unis en 1987 et racontant la descente aux enfers d'une bande de jeunes étudiants américains.*

Avant même que j'aie pu répondre, il reprend : « *C'est à Albuquerque que j'ai appris la mort de David. Je ne me suis même pas rendu à l'enterrement, tu imagines ? À l'époque, tout ça ne me faisait ni chaud ni froid, la disparition du grand-oncle, pff ! J'avais des trucs plus importants sur lesquels me concentrer. Le problème, c'est que José était un super compagnon de beuverie mais que, comme musicien, il ne valait pas tripette. Alors au bout d'un moment, je me suis lassé du soleil et des serpents à sonnette. Je venais de tomber amoureux d'une fille appelée Nancy, dont le père était soi-disant producteur à Seattle. Quand j'ai signifié mon départ à José, affalé comme à son habitude sur le sofa du garage, il a réagi en levant sa cannette vers moi. J'ai appris par la suite qu'il était mort d'une pneumonie au milieu des années quatre-vingt-dix, ce qui, dans le contexte, était une façon polie de dire qu'il avait déconné. À ce propos, 1990 est aussi l'année où j'ai fait mon premier test du sida. La veille des résultats, je suis entré dans une synagogue, c'était un acte absolument non prémédité, mais il fallait que j'essaie le truc, il fallait que je parle à quelqu'un. Je suis tombé sur un rabbin réformiste, d'après ce que j'ai compris. Nous avons discuté de ma famille, de mon père, de mon athéisme, et je me suis mis à chialer, et ça m'a fait un bien énorme. Le lendemain, mon test s'est révélé négatif, j'ai sauté de joie, je n'ai rien avoué à Nancy et j'ai complètement oublié de remercier ce foutu rabbin.*

Nous sommes partis aussi sec à Seattle. C'était l'hiver 1990, et il faisait un froid de loup. Sitôt arrivé, j'ai pris un boulot de barman, que j'ai bientôt laissé tomber car il s'est avéré que le père de Nancy était bourré de fric, lui aussi, et lui payait un appartement en échange de je ne sais pas trop quoi. Nancy ne s'est pas montrée spécialement à la hauteur. Nous sommes quand même restés trois ans ensemble. Seattle était un endroit plutôt… électrique. Dès la première semaine, j'ai rencontré Bruce Pavitt dans un bar, par le plus grand hasard. »

Scott observe une pause. Il s'attend sans doute à ce que je lui demande qui est Bruce Pavitt. Mais il se trouve que je le sais : c'est le fondateur du label Sub Pop, celui qui a donné au monde Nirvana et Mudhoney et, plus récemment, Modest Mouse, Fleet Foxes ou The Shins. Scott fait le signe de paix. *« OK, frère. Je ne vais pas te refaire toute l'histoire, alors. Juste des dates clés, hein ? J'ai monté mon premier groupe sérieux, Cool As What ?, en 1991. C'était du grunge, je ne peux pas dire mieux. D'autres appelleraient ça du hardcore mais nous étions sauvés par notre sens mélodique, ah, ah ! Nous avons donné une centaine de concerts sur la côte Ouest et dans des bleds paumés de l'Oregon. Nous sillonnions des routes pluvieuses à bord de vans cabossés et ça sentait la défonce à plein nez, enfin, surtout chez les autres car moi, je m'en tenais sagement à l'alcool. Sub Pop nous a signés pour notre premier EP, Blast/No Blast, puis nous avons splitté pendant l'enregistrement de l'album et notre bassiste Chris est parti former Pond, ici même à Portland — une formation qui a connu un certain succès avant de se séparer en 1998. Il y a eu un autre groupe après ça, Kennedy Shooting, et puis un troisième, War Finance, mais nous n'avons jamais dépassé le stade du single. Le seul avantage à tout ça, c'est que j'ai fini par devenir un bon guitariste. J'ai rencontré Kurt Cobain quelques semaines après mon arrivée à Seattle. Il zonait dans les bureaux de Sub Pop. Une démo circulait, il y avait déjà Lithium dessus, et Polly — cette cassette, c'était le squelette de Nevermind, l'un des deux ou trois plus* grands albums de tous les temps, frère. J'ai tout de suite accroché avec Kurt, nous avons passé quelques soirées ensemble, je me souviens d'un mec ultrasensible et doté d'un sens de l'humour vraiment tordu mais plus tard, lorsque le succès est vraiment arrivé, nous nous sommes perdus de vue, enfin, Kurt m'a perdu de vue, et ça n'a fait que renforcer ma haine de cette ville en particulier et du monde en général. Je ne l'ai plus revu avant sa mort. Son suicide, en avril 1994, m'a inspiré une chanson acoustique dans laquelle, un peu comme Courtney Love, je le traitais de connard. Fuck or the Fame, elle s'appelait. En matière de poésie, je savais y faire ! (Il rit.)

En 1994, je n'étais plus avec Nancy, j'avais trouvé une nouvelle copine, je bossais dans une saloperie de Taco Bell, je vivais chez cette nana, aigri comme jamais, et je regardais passer le train du grunge sans moufter, et je m'évertuais à écrire des singles internationaux qui ne valaient pas un clou, et je vouais au monde, tantôt un amour infini, tantôt (les trois quarts du temps en fait) une haine inextinguible. Et j'avais besoin de dire cette haine, tu vois.

Maintenant, frère, je ne suis pas naïf, je sais que tu vas probablement édulcorer mes propos, voire supprimer des parties entières de cet entretien, ou que tes éditeurs vont le faire, eux, parce que je ne m'exprime pas à proprement parler comme les autres membres de la famille et parce que ce récit, si j'ai bien compris, est destiné à une publication pour la jeunesse ; mais je vais te dire une chose : les ados ne sont pas des crétins, loin de là, peut-être qu'ils passent leur temps à se traiter de connards ou d'enculés mais ils savent très bien quel sens on doit donner aux mots, eux, ils sont plus capables d'amour et d'intelligence que n'importe quel électeur républicain du Mississippi, et ils savent faire la part des choses. Donc, ce n'est pas parce que je raconte que j'ai picolé

pendant vingt ans et passé mon temps à me taper tout ce qui
bougeait qu'ils vont être tentés de faire la même chose. Je n'essaie
pas de me présenter à mon avantage, je ne sais pas si tu l'as remar-
qué : j'essaie seulement d'être sincère. Je te dis : je suis allé ici,
j'ai fait ceci, j'ai fait cela, je n'en suis pas fier mais je n'en ai pas
honte non plus, je te présente les faits tels que je les ai vécus, à
toi d'en tirer les conclusions appropriées, et à tes lecteurs aussi
quoique en ce qui les concerne, je ne suis pas très inquiet. »

Il sourit à nouveau, de toutes ses dents refaites, puis
entame une série de pompes sur le parquet de son immense
pièce unique avant de se rétablir d'un bond souple et de
reprendre sa position initiale.

« Je peux aborder la question de la famille, frère, je peux
l'aborder sans faux-semblants. J'ai ignoré les Mendelson pen-
dant une quinzaine d'années, de 1980 à 1995, grosso modo, à
l'exception de ma sœur. Ma mère ? Je ne la supportais pas. Je la
trouvais trop gentille. Alfred ? Un loser à mes yeux, un loser
talentueux : les pires. Scénariste, hein ? Mais qui se souviendrait
de lui ? Ne parlons pas de mon cousin : un fou de Dieu inquié-
tant et surexcité. Je n'ai commencé à m'intéresser à lui qu'après
son départ en Israël, quand il m'a envoyé cette longue lettre
rongée par le doute. C'était en 1986. Là, j'ai découvert une autre
personne. Sinon ? Bah, j'aimais bien Judith, elle était cool et
sans ambition particulière, ce qui n'était pas pour me déplaire.
Elle avait ce petit côté sympathiquement déjanté qui la faisait
aimer de tous. Ceux de New York, je ne les connaissais pas.
D'une manière générale, je ne me sentais pas juif ; ça n'a pas vrai-
ment changé, d'ailleurs, si l'on considère l'identité juive sous
un angle purement religieux. Mais pour le reste, je me suis posé

My Dear Scotty,

It really seems that things are slowly crumbling here in Jerusalem. I'm drastically reviewing my sentimental and spiritual priorities, if you see what I mean.

Oh. You don't see.

Okay. I should take the time to explain, which I might do, and I warn you that you may well find this letter slightly incoherent but it so happens that I think of you a lot these days, my beloved bushy-haired cousin from Sacramento, of you and all the wasted time spent trying to control everything that's going on around me and inside me and I recently figured out, in the light of the insignificant woes that fell upon me one after the other, that I would have no doubt been better inspired to follow your example.

We'll discuss it, right?　David Jr.

LETTRE DAVID JR. À SCOTT. NON DATÉE. *Mon cher Scotty, On dirait bien que les choses se désagrègent lentement ici à Jérusalem. Réévaluation drastique de mes priorités sentimentales et spirituelles, si tu vois ce que je veux dire. Oh. Tu ne vois pas. Bon, il faudrait que je prenne le temps de te raconter, ce que je vais peut-être faire, et je te préviens que tu risques de trouver cette missive un peu décousue mais il se trouve que je pense beaucoup à toi ces temps-ci, bien-aimé cousin hirsute de Sacramento, à toi et au temps perdu à essayer de contrôler tout ce qui se passe autour de moi et en moi, et je me suis récemment figuré, à la lumière des malheurs insignifiants qui me sont tombés l'un après l'autre sur le coin de la figure que, sans doute, j'aurais été mieux inspiré de suivre ton exemple. Nous en reparlerons, non ? David Jr.*

des questions, oui. Et j'ai compris qui étaient les miens, j'ai cessé de me passionner pour mon unique petite personne.

Quand je jette un regard rétrospectif sur ces années, des détails qui m'avaient paru alors insignifiants me reviennent en mémoire. Des chèques de ma grand-mère, par exemple, un pour chaque anniversaire, toujours accompagné d'une petite lettre − moi qui ne lui donnais jamais le moindre signe de vie. "Sois un bon garçon. Pense à ta mère. Pense à ton père : serait-il fier de toi ? Fais en sorte qu'il le soit." D'autres choses ? Un mot d'encouragement de Doris lorsque j'ai commencé ma cure. Une kyrielle de messages sur mon répondeur téléphonique, la voix mal assurée de David Jr. : avais-je besoin d'aide ? Avais-je besoin d'une oreille attentive ? Ma sœur, elle, me téléphonait une fois par mois au minimum. C'était par elle que ma mère recevait de mes nouvelles. Quand elle arrivait à obtenir mon adresse, elle m'envoyait d'interminables missives tour à tour larmoyantes, accusatrices ou suppliantes. J'avais décidé de ne lui laisser aucune place dans mon cœur : elle, rejetée entre toutes. Parce que si je commençais à l'aimer comme elle le méritait, une faille terrible allait s'ouvrir en moi, et ma vie − l'errance incohérente à laquelle j'étais parvenu à donner le nom de vie − allait s'effondrer sur elle-même.

Le plus drôle c'est que, malgré mes précautions, c'est à peu près ce qui s'est passé. En 1995, précisément : tout est arrivé en même temps. Que dire ? Je devais en être à mon centième test du sida. À la place, on m'a trouvé une hépatite C. Mes médecins évoquaient des risques de cirrhose évolutive. L'un d'eux m'a mis en garde : "Si vous continuez à ce rythme, vous serez mort dans trois ans. Faites-vous aider." Me faire aider ? J'ai commencé à regarder autour de moi. Aider par qui ? Une énième petite amie *avait pris la poudre d'escampette, un énième groupe venait de se dissoudre. Pour ne rien arranger, Kurt Cobain était mort : je sentais que la puissante vague grunge, sur laquelle j'avais vainement essayé de surfer, n'allait pas tarder à se retirer. Je multipliais les petits boulots improbables. J'ai travaillé dans un garage pour poids lourds, dans une entreprise de pompes funèbres, dans un magasin de cosmétiques et même au zoo de Woodland Park. Durée moyenne d'un job : six semaines. J'étais fauché comme les blés, perpétuellement. J'étais seul comme un chien. J'avais trente ans : trop tard pour devenir une rock star, d'autant que je prenais du ventre. Trente ans et même pas mort. Qu'avais-je fait de mon existence ?*

J'ai appelé ma sœur : visiblement, elle coulait des jours heureux à Los Angeles à la tête d'une ligne de vêtements chic. "Oh, super, ai-je balbutié après qu'elle s'est enquis de ma santé. Ne t'en fais pas pour moi." Puis j'ai éclaté en sanglots et j'ai raccroché. Tammy et son homme, Kenneth, que je n'avais vu qu'une seule fois, sont arrivés le lendemain à Seattle. Je me trouvais dans un état lamentable. Le soi-disant appartement coquet que je louais en périphérie de la ville n'était en réalité qu'un taudis sordide encombré de guitares hors d'usage. Le sol était jonché de pots de yaourt vides. Je ne me nourrissais que de yaourts. Ah, et de vodka aussi. Tout mon fric se transformait en vodka. Les murs étaient couverts de graffitis — mon œuvre personnelle — et des moisissures filandreuses mouchetaient ma cabine de douche. L'appartement voisin, qui méritait à peine ce nom, servait de base d'opérations à un trio de dealers chinois.

Ma sœur n'a émis aucun commentaire. Elle m'a aidé à rassembler quelques affaires — tout tenait dans une valise — et m'a loué une chambre à l'hôtel. J'ai pris un bain : six mois que ça ne m'était pas arrivé. Et à quand remontait mon dernier repas chaud ? Deux jours plus tard, elle me faisait admettre en clinique de désintoxication. Tous frais payés, évidemment. J'ai râlé comme un diable : pas parce que je refusais qu'elle paie, mais parce que je ne tenais pas le moins du monde à subir le traitement réglementaire. Seulement, c'est le principe de ce genre d'endroit, non ? Kenneth a souri : "Nous avons les moyens légaux de te faire enfermer avec les dingues, Scott. Ce serait dommage d'en arriver là." Je lui ai répondu d'aller se faire foutre. Il a souri encore et m'a serré l'épaule. Quelque chose me disait que je ne le reverrais pas de sitôt.

Comme prévu, la cure a été horrible. Trois semaines enfermé dans une chambre pour le sevrage ; le but premier était d'éliminer la dépendance physique à l'alcool. Après ça, psychiatres, groupes de parole et travail personnel pour cerner les causes de la dépendance : trois semaines encore. Le jour où je suis sorti, une voiture m'attendait devant l'institut. C'était celle de Tammy. Nous sommes rentrés à Los Angeles en passant par San Francisco. Ma sœur s'est arrêtée devant la maison de notre enfance, histoire de chialer un bon coup, épaule contre épaule. Ensuite, ça a été la Route 101, la plus belle du monde, le long de l'océan doré, et j'ai pleuré encore, à chaudes larmes, mais tout seul cette fois, et de joie, parce que je me suis rendu compte que la vie n'était pas terminée et qu'au contraire, elle commençait. »

Scott passe une main sur son crâne rasé.

« *Tammy a pris des éléphants de mer en photo. Nous avons dormi dans un motel au bord de la mer. Nous avons mangé la* meilleure clam chowder[1] *de l'univers. Nous n'avons pas cessé*

---

1. *Soupe traditionnelle à base de palourdes, de pommes de terre et de lait.*

de parler : de la vie en général, de notre famille, de ce en quoi je croyais, de ce en quoi je voulais croire. Tammy avait un job pour moi à L.A. au sein de son entreprise. Elle voulait que je travaille sur des musiques pour des défilés et des publicités. J'ai compris plus tard qu'elle n'avait créé ce poste qu'à mon intention mais, à l'époque, j'étais trop parti pour me rendre compte de quoi que ce soit.

J'ai travaillé six mois à L.A. Je suis allé chez ma mère, je suis tombé à ses genoux, elle m'a relevé, elle m'a préparé du thé, nous avons bu le thé sur la terrasse en regardant la ville sombrer dans la nuit, je n'avais jamais vu la ville comme ça, frère, et la main de ma mère s'est posée sur mon genou, et nos regards se sont croisés, et j'ai compris que j'étais revenu chez moi. Il fallait que je me secoue, il fallait que je me secoue gravement. Et c'est ce que j'ai fait, putain. J'ai trouvé une maison sur Pacific Palisades, près de chez ma grand-mère, avec laquelle j'en ai profité pour renouer également les liens. Dans la foulée, je suis devenu ami avec mon oncle, avec mon cousin, je suis devenu ami avec tout le monde, je me suis initié au zen, à la nourriture macrobiotique, je suis sorti avec une fille bénévole à l'Armée du Salut, j'ai rencontré son frère qui était ingénieur du son, j'ai rompu avec la fille mais je me suis accroché à l'Armée du Salut, et le frère est resté mon ami, et il m'a enseigné tout ce qu'il savait, et je suis devenu producteur de trip-hop et de jazz-rock.

La suite ? J'ai rencontré une autre fille, Jenna, qui avait de la famille à Portland, et je l'ai suivie là-bas, je me suis installé à mon compte, j'ai produit une cinquantaine d'albums en huit ans, puis Jenna est morte d'une méningite et, ensuite, ma mère est morte aussi, et j'ai cru un moment que je n'allais jamais m'en remettre parce que tout l'amour que j'avais gardé en moi

Dearest Leah Mendelson,

Following your request, please find herewith an unfocused and strictly useless photograph of my new bathroom in my new Californian apartment which is not far from yours, as you already know. I ardently hope that in the future, you will continue providing me with apricot rugelah since, on the one hand, you are the best Jewish confectioner in the entire United States of America (blessed be our flag), and on the other hand it would be a fine extra opportunity to get together and remember good old times (yours, not mine : the Mayflower, the Declaration of Independence and all that kind of things, which are of great interest to me since I didn't work at school and, hum, I don't quite know very well what country I'm living in).

You have my phone number, danken got, so call me -

Your Scott -

LETTRE SCOTT À LEAH. NON DATÉE. *Très chère Leah Mendelson, En réponse à votre demande, veuillez trouver ci-joint une photographie floutée et strictement inutilisable de ma nouvelle salle de bains de mon nouvel appartement californien qui se trouve non loin du vôtre, ainsi que vous le savez déjà. J'espère ardemment qu'à l'avenir vous continuerez à me fournir en rugelah[1] aux abricots car, d'une part, vous êtes la meilleure pâtissière juive de tous les États-Unis d'Amérique (béni soit notre drapeau) et d'autre part, cela nous ferait une occasion supplémentaire de nous voir et d'évoquer le bon vieux temps (le vôtre, pas le mien : le Mayflower, la déclaration d'Indépendance, et toutes ces sortes de choses m'intéressent beaucoup car je n'ai pas travaillé à l'école et, hum, je ne sais pas très bien dans quel pays j'habite). Vous avez mon numéro de téléphone, danken got[2], alors appelez-moi. Votre Scott.*

---

1. Pâtisserie juive.
2. « Merci mon Dieu. »

*a bien failli me dévorer, frère, mais aujourd'hui je suis là, tou-
jours là, heureux et confiant malgré toute cette merde, les morts
et les erreurs et les chausse-trappes, et le temps qui nous file
entre les doigts. Je ne produis plus autant qu'avant aujourd'hui,
je suis professeur de shiatsu et de feng shui, j'aide certaines personnes à se sentir bien avec l'univers qui les entoure, j'aide d'autres personnes à faire les disques dont elles ont toujours rêvé, je
répare guitares, banjos, pianos et tout ce que vous voulez pour
arrondir les fins de mois et pallier la fin de l'industrie musicale,
et je donne autant d'amour que possible. Depuis 1996, depuis que
je suis ici, j'ai écrit tous les mois à ma mère jusqu'à sa mort et
pour son enterrement, j'ai composé un morceau de musique avec
des chants d'oiseaux, et Bruce m'a dit qu'il aimait ce morceau
et que Dieu l'aimait aussi, et je n'ai même pas souri, frère.*

*En 1999, après la mort de ma foutue grand-mère, je suis
repassé devant chez elle en voiture. Doris m'avait donné les clés.
Je suis entré, la maison paraissait tellement foutrement vide
sans Leah Mendelson, j'ai soulevé une boule à neige qui représentait Vienne, toute une bande de fantômes m'observait en
souriant ; j'ai ouvert un album photo et je me suis souvenu des
histoires que m'avait racontées ma grand-mère, des histoires
de petites filles, des histoires de fuites, de deuils, de désespoir et
d'espoir insensé, puis je me suis versé un verre d'eau et je me suis
assis sur le perron. Mes larmes coulaient toutes seules, les fantômes étaient là, alignés dans la rue en procession, ma mère, mon
père, et Roy, et David, et des formes bien plus anciennes encore,
indiscernables ; j'ai levé mon verre vers tout ce petit monde et j'ai
souri à travers mes larmes, et je ne vois vraiment pas ce que je pourrais te dire de plus. »*

nouvelle maison

En décembre 1988, Doris Mendelson pose ses valises à Johannesburg, *a priori* pour deux mois. Le régime de l'apartheid connaît ses derniers soubresauts ; l'Afrique du Sud est plongée en pleine tourmente.

« Je ne vais pas asséner à vos lecteurs un cours magistral, commence la fille de Leah lorsque je lui demande quelques éclaircissements. Mais quelques bases sont nécessaires. Historiquement, l'apartheid avait pour objectif la séparation physique et géographique totale de la population sud-africaine selon des critères raciaux. Il fut réalisé par le Parti national, au pouvoir à partir de 1948, puis érigé en programme politique, notamment par l'introduction ou le renforcement des lois ségrégatives. Il faut savoir que la ségrégation ne concernait pas uniquement

*les lieux publics (signalés par des pancartes "Whites only")
mais qu'elle était également résidentielle : en périphérie des
zones urbaines et rurales exclusivement blanches, des townships
abritaient la population "non blanche", un terme englobant
Noirs, métis et Indiens, et des restrictions à la libre circulation
étaient imposées à cette population. Sur un plan social, cette ségrégation se manifestait par des services publics séparés. Les emplois
qualifiés étaient réservés exclusivement aux Blancs. En résumé,
car c'est un sujet très complexe, seuls les Blancs, pourtant mino-
ritaires (10 % de la population), bénéficiaient des pleins droits
civiques et politiques en Afrique du Sud.*

*Soutenu par un appareil militaire répressif, le régime de
l'apartheid réprimait férocement tout signe de contestation. En
1960, les principaux mouvements d'opposition noire, dont le
Congrès national africain (ANC), furent interdits et leurs lea-
ders, au premier rang desquels Nelson Mandela (en 1962), empri-
sonnés. Des structures clandestines et des ailes militaires de ces
mouvements s'installèrent dans les pays africains indépen-
dants voisins pour engager la lutte armée. Au cours des années
quatre-vingt, les incohérences du système, dissimulées jusqu'alors
par le miracle économique des années soixante et soixante-dix,
aboutirent à une situation explosive. La surpopulation des villes,
due à une immigration urbaine massive amplifiée par la nécessité
d'une main-d'œuvre noire autour des zones blanches, provoqua
rapidement des tensions sociales et ethniques incontrôlables. Les
appels à la désobéissance furent particulièrement suivis par la
jeunesse noire, mobilisée depuis la répression de Soweto (1976)
et frappée par un chômage endémique. On assista à des explosions de violence, envenimées par les interventions de l'armée.
En 1985, l'état d'urgence fut proclamé. Il ne serait levé qu'en*

UNE PANCARTE « WHITES ONLY » À CAPE TOWN (CLICHÉ DE DORIS MENDELSON, NON DATÉ).

1990. La population blanche était alors inquiète pour son ave-nir en Afrique du Sud. Ses craintes furent habilement exploitées par les partis conservateurs et d'extrême droite en pleine expan-sion. Sur un plan international, l'Afrique du Sud était de plus en plus isolée. Cependant, ni les appels au respect des droits de l'homme, ni les nombreuses résolutions de l'ONU, ni les campagnes de protestation et les boycotts organisés par les mou-vements anti-apartheid n'avaient réussi à faire fléchir le gou-vernement blanc sud-africain dans sa politique raciale. En 1989, ni l'ANC ni le Parti national n'avaient encore intérêt à maintenir le statu quo. Repoussé loin du territoire national, affaibli militairement, l'ANC se montrait incapable de reprendre

la direction de la mobilisation sociale. Disposant d'une supé-
riorité militaire incontestable, le gouvernement était cependant
impuissant à contourner l'insurrection dans les townships. »

Washington D.C., March 6, 1986 —

My Dearest Uncle,

I've spoken to Walter about South Africa
and the worrying situation of that country,
and he confirmed that it was a subject of
great interest to him —

Unfortunately, my activities with the
International Committee leave me such little
respite. I must therefore adjourn the project
sine die, while hoping nevertheless that it will
finally come through. I am sorry I got so
carried away. I hope you are well and
that you are taking good care of yourself.

Doris —

LETTRE DE DORIS À DAVID. *Washington D.C., le 6 mars 1986*
Mon très cher oncle, J'ai parlé avec Walter au sujet de l'Afrique du Sud et de
la situation préoccupante dans laquelle se trouve le pays, et il me confirme
que c'est un sujet qui pourrait l'intéresser « grandement ». Hélas, mes activités
au sein du Comité international ne me laissent pas une seconde de répit.
Je dois donc reporter ce projet sine die, en espérant qu'il finisse tout de même
par voir le jour. Pardon de m'être emballée de la sorte. J'espère que vous allez bien
et que vous prenez soin de vous. Doris

Je l'interromps un instant : « *Townships ?* » Elle sourit : « *Pardon, je m'emballe. Disons bidonvilles. Mais ce n'est pas que ça. Les townships sont de véritables villes, organisées comme telles et abritant des communautés très diverses. Les gens y ont été installés. Vous comprenez ce que ça signifie ? Où en étais-je ? En décembre 1988, me voici à Johannesburg, mandatée par le Comité international de la Croix-Rouge pour rencontrer les responsables des antennes locales et faire le point à leurs côtés sur la situation : aides d'urgence, dossiers à monter, revendications diverses, etc.*

Le moment est venu de reparler de Nelson Mandela à ce stade. Inspiré par Gandhi, l'homme opte pour la non-violence. Par la suite, il se figure que la lutte armée était une nécessité. Depuis 1962, il est emprisonné mais son influence continue grandement de se faire sentir. À partir de 1985, des contacts exploratoires secrets ont lieu avec les représentants du gouvernement. Ils n'aboutissent malheureusement pas. Les conditions imposées par le gouvernement sont inacceptables aux yeux du leader de l'ANC, qui n'a pas l'intention d'abandonner la lutte armée. Mandela demande aussi l'octroi des pleins droits politiques à tous les Sud-Africains, de même que la création d'un gouvernement multiracial majoritaire en lieu et place d'une promesse de quasi-représentation parlementaire. En mars 1989, il réitérera sa proposition de négociations dans une lettre soumise au président Botha — une lettre qui tombera on ne peut mieux, car Botha vient de passer la main à son ministre de l'Éducation, Frederik De Klerk, personnage notoirement plus souple. Considéré comme le principal obstacle à l'évolution de l'Afrique du Sud, Botha n'entendra cependant pas quitter la direction de l'État. Une crise politique au sein du gouvernement s'engagera. Le 5 juillet 1989,

Botha sera forcé de rencontrer Mandela pour une conversation historique qui sonnera pratiquement le glas de l'apartheid. Mais nous n'en sommes pas encore là.

Fin décembre 1988, en compagnie d'une délégation locale, je mets le cap sur Khayelitsha, le plus grand township d'Afrique du Sud, pour étudier les conditions de vie locale. Notre quartier général est établi à Cape Town, à 20 miles de là. Régulièrement, nous nous enfonçons dans le ghetto pour des périodes de deux ou trois jours. Khayelitsha est un endroit incroyable, fascinant et terrible. C'est comme si le désert avait développé une maladie de peau : sur la terre plate, les bidonvilles s'étendent à perte de vue. Combien d'habitants ici ? Quatre cent cinquante mille, prétendent les autorités. Mais il en arrive de nouveaux chaque jour. »

Doris s'arrête. Elle me montre quelques photos. Sa voix se réduit à un filet discret. C'est comme si je mettais mes pas dans les siens.

« *Je lève les yeux, raconte-t-elle, je dis "pardon", je tousse, j'ai la diarrhée, je renifle, mon regard se porte sur les murs et les toits de tôle ondulée multicolores, des enfants courent et se chamaillent. Il y a des maisons en bois, un abri en ferraille où nous sommes accueillis par un vieillard aveugle. "Et l'eau courante ?" demande quelqu'un. L'un de nos guides s'esclaffe. "Il n'y a déjà pas d'eau pour éteindre les incendies, ici. Alors pour boire…" Quant à l'électricité, n'en parlons pas. Dans certaines zones, des militaires nous accompagnent, ce qui ne nous facilite pas la tâche mais se révèle indispensable. Plusieurs quartiers sont extrêmement dangereux : la drogue est partout, la pauvreté explose, on croise des enfants armés, des familles*

Khayelitsha : une scène de rue absolument banale en janvier 1989 (cliché de Doris Mendelson, non daté).

errantes, les gens meurent en plein soleil. En cette saison, la chaleur est parfois accablante. Nous rencontrons des responsables d'associations locales, des gens fabuleux, portés par un courage inhumain. Mais le tissu social est déchiqueté, il n'en reste rien. Et les habitants sont en colère. Un jour prochain, promettent-ils, la guerre éclatera. Déjà, l'épidémie de sida commence à faire des ravages ; nous le comprenons à peine : dans les cliniques, si on peut donner un tel nom à ces taudis bâtis de guingois, des jeunes femmes amaigries, allongées sur des lits de camp, attendent qu'un médecin veuille bien s'occuper d'elles. Je me souviens de la Chine, plus de dix ans auparavant : rétrospectivement, j'ai l'impression d'avoir visité un pays riche.

Un dimanche, nous nous rendons à la plage de Monwabisi : idée lumineuse du responsable local, qui estime que nous avons mérité quelques moments de détente. Mais la journée se termine sur un drame. L'une des infirmières qui nous accompagnaient disparaît. Les courants, prétend quelqu'un. Les requins, rétorque une autre voix. Ou juste une femme qui voulait rentrer chez elle discrètement. Nous sommes démunis, affligés, furieux, mais il n'y a rien à faire, personne contre qui être en colère. Un commissaire de la police locale établit un vague procès-verbal qui terminera sans doute à la poubelle. La nuit venue, je rêve de cette femme et des voix sourdes des décombres, un mélange de Chine et d'Afrique où se déverse un torrent de sang comme dans le Shining de Kubrick. Le lendemain, nous retournons dans les bidonvilles. Il y aurait dix mille orphelins en ce lieu. Un taux de chômage parfois proche de 80 %. Comment vivent les gens ? Khayelitsha signifie "nouvelle maison" en xhosa. L'ironie de cette étymologie me frappe de plein fouet. Comme si les gens avaient choisi.

Le nouvel an, nous le fêtons, si l'on peut dire, à Cape Town. En vérité, nous n'avons pas vraiment envie d'être ensemble. Je suis logée chez une institutrice qui donne chaque mois un dixième de sa paie à un mouvement anti-apartheid. "Les structures de ce pays sont sur le point de craquer, dit-elle. Reste à savoir si nous voulons provoquer le cataclysme ou le subir."

Janvier : retour en enfer. Des chiens errants, une épidémie de rage. Nous visitons un hôpital soi-disant municipal. Plusieurs cas de tétanos sont censément traités ici. Les gens meurent dans des conditions atroces. La faute aux tôles rouillées, m'explique un médecin. Beaucoup de combats de rue aussi. Et puis il y a l'espoir, si vivace. Les micro-entrepreneurs. Les associations locales. Les étudiants de tous les pays venus pour aider et qui repartent chez eux changés à jamais. Une école primaire en bois *et matériaux de récupération avec une fresque de Mickey et un slogan peint en bleu ciel : Construire un enfant, c'est construire la nation. "Nous devons inventer nos propres solutions", me certifie le maître. Nous entrons dans sa classe. Trente-cinq enfants à sa charge, de six à dix-sept ans. Sur son bureau, un portrait encadré : celui de son fils cadet, mort trois mois auparavant de dysenterie, et dont le cadavre, qui était supposé être veillé, a mystérieusement disparu. Nous rentrons à Cape Town en bus. Je me revois, dans le car qui nous ramenait, Walter et moi, de Washington à New York[1]. Je n'ai même plus la force de pleurer. Je veux être seule. Je veux boucler mes dossiers, terminer mes rapports et quitter cet endroit. Mais lorsque je descends à l'hôtel, une heure plus tard, parce que mon amie institutrice n'est plus là, une intuition me saisit : je dois rester ici pour toujours, je ne peux pas faire autrement. "Bon sang, me dis-je, j'ai soixante-quatre ans, je devrais couler des jours tranquilles dans une bourgade du New Hampshire au bord d'un ruisseau, avec un labrador peut-être, et je suis là, absurdement fidèle, prisonnière de ma tristesse et de ma compassion congénitale." »*

Elle s'arrête, à bout de souffle. « *Quel jour sommesnous ?* » La voici qui se mord les lèvres. « *17 janvier 1989, évidemment. Un dimanche terne. Le soir même, un appel pour moi à la réception. On me tend le combiné. C'est mon cousin, Walter. Sa voix est hachée, elle passe mal mais je comprends l'essentiel. "Papa est mort. Nous l'enterrons après-demain."* »

Elle sourit, s'arrête encore.

« *Il s'était éteint dans son fauteuil, chez lui, dans sa maison de Greenwich, pendant que Leah s'énervait contre un lavevaisselle dont elle n'avait jamais exactement compris le*

---

1. *Voir page 180.*

fonctionnement. Crise cardiaque, comme son père. Mon oncle souriait quand il est mort. Joan se trouvait sur place. Sa théorie à elle, c'est que David a sagement attendu la fin de Shabbat pour fermer les yeux. Il ne voulait pas d'une nouvelle semaine. "Ne sois pas triste, m'a dit Walter avant de raccrocher. Personne ne l'est, ici."

Évidemment, je ne pouvais pas rentrer aux États-Unis — pas tout de suite, pas comme ça. De toute façon, il était trop tard. Et puis qu'aurais-je fait là-bas ? Autant pleurer ici. Ou ne pas pleurer, comme le demandait Walter. Autant célébrer sa mémoire à ma façon. Mais non, bien sûr. Il fallait que je parte. Que je parte immédiatement. Ou peut-être pas. Oh, j'étais perdue, à 200 %. Finalement, quelqu'un a décidé pour moi. Il y avait une grève à l'aéroport de Cape Town.

Je suis restée six mois de plus en Afrique du Sud. Comme mes cousins, je devais avoir de vieux comptes à régler avec moi-même, une balance à équilibrer. Et malgré tout, j'étais intriguée. Quelle était l'origine de l'étrange sentiment de culpabilité qui nous tenaillait tous ? Nous autres, Juifs d'Amérique, nous avions eu la chance à un moment donné de pouvoir prendre la fuite avant que le danger se déclare. Nous avions de l'argent, des maisons confortables, une tradition commune. Et puis nous avions Israël, et d'immenses poètes, et de très grands savants, et la bombe atomique. Je regardais autour de moi. Où était la Jérusalem de ces gens ? De quelles armes disposaient-ils ?

Après dix semaines passées à Khayelitsha, je suis retournée à Johannesburg. Les choses étaient en train de changer, le monde entier n'avait plus que le nom de Nelson Mandela à la bouche, l'Afrique du Sud se trouvait au cœur de l'actualité. Comme tout le monde je suppose, j'avais regardé le concert pour les soixante-

dix ans de Nelson à Wembley en juin 1988 : Sting, Stevie Wonder, Dire Straits, Simple Minds, Eurythmics, etc. Mais les gens savaient-ils ce qui se passait ici ?

En juin 1989, j'ai commencé à subir des crises de tachycardie. Un médecin m'a auscultée. "Vous voulez mourir ici ?" Je lui ai demandé si c'était si grave que ça. Nous avons parlé de mon parcours. Pour la première fois de mon existence, je me suis arrêtée, j'ai soufflé un grand coup et j'ai regardé en arrière. Peut-être le temps était-il venu de passer la main à la nouvelle génération et de raconter ce que j'avais vu aux cols blancs de Washington. »

Elle croise les bras. « *La suite, je la vis de chez moi. Le 14 septembre, Frederik De Klerk est élu président : il est en mesure, désormais, d'imposer ses choix politiques. Dans son discours d'investiture, il met en garde son peuple contre "les attentes irraisonnées" mais répète son intention de négocier avec "des gens raisonnables". Deux jours avant son élection, son gouvernement a autorisé une marche anti-apartheid. Les gestes d'ouverture se multiplient. Le 10 octobre, De Klerk annonce la libération des détenus politiques condamnés avec Nelson Mandela à la prison à vie en 1964[1] et abolit progressivement la ségrégation dans les lieux publics. Le 13 décembre, il rencontre Mandela pour parler du climat nécessaire à la mise en œuvre des négociations et lui promet de considérer à nouveau la légalisation des mouvements d'opposition. Le 11 février 1990, Nelson Mandela obtient sa libération inconditionnelle. Certes, il faudra attendre 1994 pour que se tiennent les premières élections multiraciales, et que Mandela soit élu président de l'Afrique du Sud. Mais dès ce moment, tout le monde sait que la sortie de l'apartheid est inéluctable.*

---

1. *Après 17 mois de clandestinité, Nelson Mandela est arrêté le 5 août 1962. Le 12 juin 1964, il est condamné à la prison à vie.*

252

Février 1990 : Nelson Mandela sort triomphalement de prison
(cliché anonyme, collection personnelle de Doris Mendelson).

Le 11 février, je pleure dans ma cuisine, seule à Washington, en écoutant les informations à la radio. J'ignore s'il existe une chose comme des larmes de joie. La tristesse est toujours tapie quelque part, non ? Une semaine avant, je me suis rendue à la maison de Greenwich, là où est enterré mon oncle, pour lui demander, eh bien, pardon de ne pas avoir été là. Connaissant mon oncle, j'imagine que ces excuses sont, de son point de vue, totalement superfétatoires. Je suis tout de même heureuse de les formuler. »

VIEILLES PIERRES

« Comme New York est triste sans David ! » note Bruce Mendelson dans son journal un matin de février 1991.

Le jeune homme, fidèle héritier de son grand-père, s'adonne lui aussi à l'écriture depuis son séjour en Israël. Fraîchement rentré de Jérusalem, où il a passé cinq ans, il loue un studio à Manhattan et semble se lancer à corps perdu dans de fastidieux travaux de traduction hébreu-américain. Son premier client ? Un obscur conglomérat de rabbins ultra-orthodoxes, rassemblant autour de ses maigres synagogues des communautés plus faméliques encore.

« Il faisait preuve d'une détermination extraordinaire, reconnaît Joan. Un beau jour, je suis allée lui rendre visite dans son

March 8, 1991

My settling down in New York is somewhat finished if one is ready to accept that the bedroom wallpaper will not be changed in the near future. My grandfather is still in my dreams: hand in hand, we are again at the hospital but this time he's the one who is sick. It seems to me, when looking back on the blessed times spent together, that we never ceased looking after each other's health.

JOURNAL DE BRUCE. 8 MARS 1991. *Préparation très calme du Shabbat. Mon installation à New York est pour ainsi dire terminée, si l'on veut bien admettre que le papier peint de la chambre ne sera pas changé dans un avenir proche. Toujours mon grand-père dans mes rêves : sa main dans la mienne, nous sommes à l'hôpital de nouveau mais cette fois, c'est lui qui est malade. Il me semble, lorsque je regarde le temps béni passé à ses côtés, que nous n'avons cessé de nous soigner l'un l'autre.*

studio, une soupente de la 13ᵉ Rue Est infestée de toxicomanes et de vagabonds. Dès mon retour à Brooklyn, horrifiée, j'ai alerté Ralph : "Notre fils vit comme un miséreux, c'est notre devoir de lui venir en aide." Ralph s'est rendu sur place à son tour, un samedi. Comme c'était Shabbat, notre fils ne pouvait pas appuyer sur le bouton de l'Interphone pour lui ouvrir. Son père a dû attendre vingt minutes sous la pluie que quelqu'un d'autre daigne entrer. Après quoi Bruce s'est déclaré "très heureux" de le voir. Il grignotait une hallot[1] en lisant un roman de Vassili Grossman. La conversation a été brève mais joyeuse. "Je ne te raccompagne pas, hein !" a lâché notre fils quand son père s'est relevé. De retour chez nous, Ralph a posé son manteau sur une chaise. "Notre fils va parfaitement bien, a-t-il déclaré. En vérité, il gagne 3 000 dollars par mois." J'ai cru qu'il allait ajouter "femme", à la mode ancienne. Je le trouvais plus juif que jamais, si vous voyez ce que je veux dire. Mais il avait parfaitement raison. Bruce Mendelson menait sa barque à la perfection. Il s'est avéré qu'il travaillait pour deux associations juives et pour un avocat israélien rencontré à Jérusalem. Il maintenait également un contact permanent avec Doris qui lui confiait, pour le compte du Comité international de la Croix-Rouge, la traduction en américain d'une série de documents administratifs rédigés en hébreu. Enfin, il était mandaté par le comité de financement de Eldridge Street Project, destiné à remettre en état la synagogue de son grand-père, pour trouver de l'argent en Israël. Ce défi-là, je crois, était celui qui lui tenait le plus à cœur. »

« Dans les années 1980, écrit Bruce dans un courrier commun envoyé à tous les membres de sa famille, l'édifice ne tenait pratiquement plus debout. Les pigeons avaient pris possession des balcons, les bancs étaient couverts de poussière, les vitraux brisés, etc., ad nauseam. En outre, des travaux de stabilisation étaient absolument nécessaires, sans quoi la synagogue n'allait

---

1. Pain tressé confectionné pour le Shabbat.

pas tarder à s'effondrer. Eldridge Street Project a été créé en 1986 pour empêcher ce désastre. Il y est parvenu en partie. Aujourd'hui cependant, il a encore besoin d'argent. Cette synagogue était celle de mon grand-père, de votre aïeul, père, oncle ou grand-oncle. Si vous voulez lui rendre hommage, si vous voulez honorer votre héritage de façon significative, aidez-nous ! »

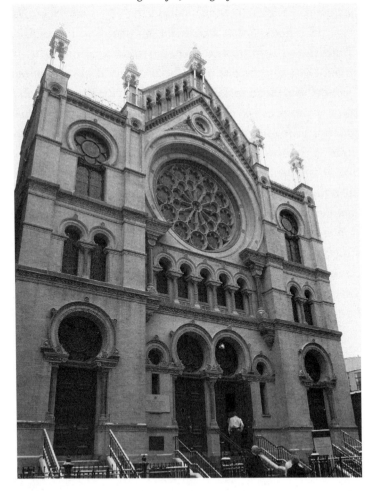

En décembre 2007, grâce à Bruce et à bien d'autres, le musée de Eldridge Street en terminera avec une rénovation menée sur vingt ans, qui aura coûté 18,5 millions de dollars. La synagogue reste de nos jours le seul monument du Lower East Side ouvert au public à témoigner de l'immense vague d'immigration juive dont David et les siens furent parmi les derniers représentants.

Au cours des années suivantes, Bruce se consacre de plus en plus activement à ses activités de traduction, notamment (et c'est une nouveauté) dans le domaine romanesque – tout en conservant la plupart de ses engagements bénévoles. « *Vers vingt-deux, vingt-trois ans, explique-t-il, je me suis rendu compte que je pouvais ne dormir que quatre heures par nuit. Ce n'est pas de l'insomnie : plutôt un faible besoin en sommeil. Une chance énorme, en tout cas. Quand j'étais enfant, j'avais besoin de treize heures. Est-ce que je me suis constitué une sorte de réserve ?* »

En 1993, Bruce déménage pour un logement plus vaste et plus cossu, toujours dans le Village. «*En 2000, j'ai pu acheter cet appartement, m'explique-t-il, assis à son bureau. J'étais libre : ma leucémie m'avait mis à l'abri du service militaire, ce dont je me félicitais chaque jour. J'avais réussi à épargner pas mal d'argent au cours des années précédentes ; je ne suis pas quelqu'un de très dépenser. En 1994, j'ai accueilli ma sœur qui rentrait du Rwanda et j'ai tenté de lui faire comprendre que la vie valait la peine d'être vécue, ce qui n'était pas une mince affaire : pas parce que c'était faux, mais parce que ma sœur était tout de même très sérieusement amochée. Entre temps j'avais rencontré Nicole, et je loue l'Éternel chaque jour pour cette providence. Nicole Schneider ! Une Française, comme Judith.*

Et d'une famille juive, aussi, quoique non pratiquante. Nicole était bénévole dans une association laïque d'aide aux sans-abri et elle participait à un colloque, auquel j'assistais également, dont le but était de coordonner les efforts d'un certain nombre de structures locales. Mais foin de digressions : la réunion s'est terminée dans ma chambre. Nicole était venue à New York pour étudier l'économie ; son ambition était d'obtenir un MBA. Au bout de trois mois, elle a emménagé chez moi. Et elle n'est plus jamais repartie ! »

Il sourit, se dresse sur son siège, demande à ses enfants, installés au salon, de baisser le son de la télévision. « Caleb n'a jamais été un problème pour moi. Au départ pourtant, c'en était un pour Nicole. Elle a mis plusieurs mois à passer aux aveux. Ça a donné quelque chose du genre : "Oui, euh, alors, il se trouve que j'ai déjà un fils, euh, il vit en France avec mes parents, et je l'ai eu très jeune, tu vois ? C'est un accident, enfin, je n'aime pas ce mot, mais disons que le père a disparu, et il a six ans — mon fils, je veux dire —, et il vit à Marseille, ses grands-parents assurent son éducation parce que moi je ne veux pas, disons plutôt que je ne peux pas, euh, tu comprends ?" Je comprenais, et comment ! Nous avons passé les six mois suivants à parler de Caleb. Puis nous sommes allés en France, à Marseille. Je voulais m'occuper de cet enfant, je voulais l'adopter, je ne le connaissais pas mais je l'aimais déjà, et mes parents, assurai-je, n'étaient absolument pas un problème. Bien entendu, Leah a été horrifiée lorsque je lui ai raconté l'histoire au téléphone. "Mais cet enfant n'est pas le tien, voyons !" Je lui ai ri au nez. "Les enfants n'appartiennent à personne." Elle m'a insulté en yiddish. Seulement, quand nous lui avons présenté Caleb, de retour d'Europe, toutes ses belles résistances ont cédé. Aujourd'hui, *il a sauté une classe, il parle hébreu couramment et c'est le plus bel adolescent du monde, que voulez-vous que je vous dise ? Je ne suis pas borné. J'aime mon Dieu, et j'aime Nicole, et j'aime ma famille de toutes mes forces.* »

Ailleurs ? L'agence *M. & Sons* se porte bien. Walter et Ralph n'ont toujours pas pris leur retraite. Ils se cherchent un successeur et, en attendant, s'efforcent de moderniser leur société.

La direction est allégée. Des antennes locales sont ouvertes à Berlin et à Los Angeles. Alfred apporte son aide en *free lance* et surveille les activités de l'agence sur la côte Ouest. Sa carrière hollywoodienne suit un cours plus que discret.

« *Des piges pour HBO*[1], *des scénarios de moyens-métrages jamais tournés, un peu d'animation par-ci, par-là. En ce qui me concerne, on peut dire que les années quatre-vingt-dix ont été celles de la stagnation... d'autant que l'âge de la mise au rencart approchait dangereusement. Mais Judith était propriétaire de sa librairie, désormais, et David Jr. volait largement de ses propres ailes. Alors, j'ai levé le pied. Je me suis mis à la cuisine. J'ai entrepris d'écrire un livre sur l'univers des séries télé, qui a été vendu en 1995 dans une dizaine de pays. Et je me suis fait opérer d'une hernie hiatale, ouaip. Je n'ai jamais été un type obsédé par la réussite, vous le savez. Et puis quand on y pense, j'ai travaillé avec Alfred Hitchcock, j'ai passé quarante ans à m'amuser avec des histoires de zombies et de vaisseaux, et j'ai été payé pour ça. La réussite que je voulais, je l'ai eue.* »

---

1. *Home Box Office, chaîne de télévision à péage, spécialisée dans les séries.*

David Jr., qui travaille depuis 1993 à l'hôpital Cedars-Sinai de Los Angeles, est promis à une brillante carrière. Comme Shirley, avec qui il entretient d'excellentes relations, il s'est installé dans les collines non loin de Mulholland Drive. En 1994[1], il fait la connaissance de Brenda Miller, riche et très jolie Juive de Bel-Air que Tammy vient de nommer, à vingt-trois ans!, directrice artistique de Strict Apparel. L'entreprise de l'ancien mannequin a le vent en poupe : à cette époque, elle compte une quarantaine d'employés, pour cinq magasins ouverts en Californie. Les deux enfants de Tammy, Isaac et Angela, sont scolarisés dans des écoles juives libérales de Santa Monica. Kenneth, qui travaille toujours au Barrington Psychiatric Center, s'est lié d'amitié avec tous les Angelenos[2] de la famille Mendelson, et notamment David Jr. et Leah. Dans la maison de cette dernière, à Pacific Palisades, il vient régulièrement déguster de somptueux assortiments de pâtisseries juives.

La vieille femme sourit : « *Kenneth ? Ah, je ne sais pas comment il s'y est pris avec une* alteh machashaifeh[3] *telle que moi. Mais il a toujours été parfait, ça oui. Et il s'est toujours parfaitement occupé de Tammy, ma princesse. Je ne vous parle pas des enfants. Isaac, c'est mon préféré. Je ne devrais pas dire ça mais tant pis. Il raconte qu'il veut être rabbin, comme son arrière-grand-oncle, dont je lui ai montré une photo un jour. Mon frère n'a jamais été rabbin, l'Éternel soit loué, mais avec la barbe et le chapeau... Quoi ? Vous croyez que c'est maintenant que je vais briser le rêve de ce petit ? Enfin, il va avoir*

---

1. *Lors de leurs mariages respectifs en 1996, Bruce et David Jr. s'amuseront beaucoup du fait qu'ils aient rencontré leurs futures épouses le même mois, la même année.*
2. *Habitants de Los Angeles.*
3. *« Vieille sorcière. »*

June 14, 1994

A little light in the dark. David Jr. is smiling again: in a letter received today he sends me a photo of his new girlfriend, a certain Brenda Miller, who looks like a princess and is actually one, he deems it useful to specify, a very pretty Jewish princess.. And one has to admit he's right.
Leah, whom I have just spoken to on the phone, informs me that this Brenda recently began working as a creative director with Tammy. Twenty three, apparently. I didn't dare mention Nicole.

JOURNAL DE BRUCE. 14 JUIN 1994. *Un peu de lumière dans les ténèbres. David Jr. a retrouvé le sourire : dans une lettre reçue ce jour, il m'adresse un cliché de sa nouvelle conquête, une certaine Brenda Miller, qui ressemble à une princesse, et qui en est d'ailleurs une, croit-il utile de préciser, une très jolie princesse juive, il faut bien admettre qu'il a raison. Leah, que je viens d'avoir au téléphone, m'apprend que cette Brenda travaille depuis peu avec Tammy en tant que directrice artistique. Vingt-trois ans, paraît-il. Je n'ai même pas osé lui parler de Nicole.*

dix-huit ans, Got in himmel[1] ! Oh, pourquoi est-ce que j'invoque tout le temps le nom de Dieu ? »

Je souris. Oui, on se le demande bien.

---

1. « Dieu du ciel ! »

LE GOÛT DU SANG

Du 6 AVRIL AU 4 JUILLET 1994, le Rwanda est touché par le génocide le plus rapide et le plus meurtrier de l'Histoire, en nombre de morts journalier. Le massacre est commis dans le cadre d'une guerre civile opposant le gouvernement rwandais, autoproclamé « Hutu Power » avant le génocide, et le Front patriotique rwandais (FPR), accusé par les autorités d'être essentiellement « tutsi ». L'ONU estime que quelque 800 000 Rwandais, en majorité des Tutsi, ont trouvé la mort durant ces trois mois. Ceux qui, parmi les Hutu, se sont montrés solidaires des Tutsi ont été tués comme traîtres à la cause hutu.

Le 6 avril 1994, le président du Rwanda Juvénal Habyarimana est assassiné. Alors qu'il s'apprêtait à atterrir à Kigali, son avion est la cible de tirs et s'écrase. Il n'y a aucun survivant. Les deux principales hypothèses (une récente enquête plaide en faveur de la première) soupçonnent l'une le Hutu Power et l'autre le FPR, avec d'éventuels soutiens internationaux. Ce drame, en tout cas, est l'élément déclencheur du génocide perpétré par le Hutu Power. Les massacres des opposants hutu – dans les premières heures – puis des Tutsi commencent aussitôt. En quelques jours, un gouvernement intérimaire est constitué sous la houlette du colonel Bagosora, qui se révèle rapidement l'homme fort du régime après la disparition du président Habyarimana. Dès le 8 avril 1994, la France et d'autres pays occidentaux évacuent leurs ressortissants. Le champ est libre.

Pendant trois mois, la Radio-Télévision libre des Mille Collines encourage et guide jour après jour, heure par heure, le génocide, dénonçant les Tutsi encore vivants à tel ou tel endroit. Le « travail », comme l'appellent les extrémistes hutu, consiste à massacrer les Tutsi à travers tout le pays, ainsi que les Hutu soupçonnés de sympathie contre nature. Les assassins utilisent essentiellement des machettes, des houes et des gourdins cloutés.

Des barrages sont édifiés sur toutes les routes du Rwanda afin d'arrêter les fuyards qui sont souvent massacrés sur place. En règle générale, les autorités locales prétextent la mise en sécurité des Tutsi pour les regrouper dans des lieux publics comme les stades, les bâtiments communaux, les écoles et les églises. Ensuite des groupes de miliciens passent à l'action, parfois précédés par les FAR (Forces armées rwandaises, c'est-à-dire l'armée régulière rwandaise), qui commencent le « travail » avec des armements adaptés, notamment des grenades. Enfin, les maisons de Tutsi sont systématiquement visitées par les miliciens venus débusquer ceux qui s'y cachent et les passer par les armes.

Les tueries atteignent des sommets d'horreur. L'ampleur du massacre, sa cruauté (des femmes enceintes sont éventrées, la violence sexuelle est fréquemment employée, des meurtres sont perpétrés au sein de familles mixtes, le sadisme se manifeste dans de nombreux cas) et le nombre d'exécutants font de cette tragédie inhumaine l'un des événements les plus atroces du XXᵉ siècle.

Joyce Mendelson, qui vient de terminer ses études d'avocat, réside sur place au moment où le drame commence. Grâce aux lettres de recommandation de Doris, elle a intégré une équipe de la Croix-Rouge pour apporter son aide sur un plan juridique. Mais les événements la prennent de court. Incapable de quitter le pays aux premières heures du génocide (elle se trouve alors dans la campagne rwandaise, où elle aide à la construction d'une école), elle ne parvient à gagner Kigali qu'au terme d'une semaine d'équipée. De là, elle assiste, impuissante, à l'irrésistible montée de l'horreur. Si l'essentiel des massacres est accompli avant la mi-mai, la situation reste longtemps explosive dans la mesure où ceux-ci se doublent d'une véritable guerre civile. Les FAR combattent le FPR, composé de Tutsi exilés et d'opposants hutu au régime de Habyarimana. La progression du FPR culmine à Kigali, qui est « prise » le 4 juillet 1994.

Les miliciens hutu et les FAR battent en retraite au Zaïre. Deux millions de réfugiés hutu s'éloignent également, redoutant les représailles du FPR. Le 19 juillet 1994, un gouvernement dominé par le FPR prend les rênes du Rwanda. Le président de la République et le Premier ministre sont des Hutu dits modérés. C'est le moment où Joyce peut enfin regagner les États-Unis.

June 18, 1994

Still no news of my sister, and the rare information to reach us from Kigali is really very worrying. Parents on edge, hanging onto the phone trying in vain to get in touch with the embassy. Nicole, by my side, hasn't any idea what she should do. "nothing", I say. Let's hope. Let's pray. That's what I do, Joyce : a warm and tender spot in the mellow nest of my thoughts.

JOURNAL DE BRUCE. 18 JUIN 1994. *Toujours sans nouvelles de ma sœur et les rares informations qui nous parviennent de Kigali sont réellement très inquiétantes. Parents sur les nerfs, pendus au téléphone — tentent sans succès de contacter l'ambassade. À mes côtés, Nicole ne sait absolument pas ce qu'elle doit faire. « Rien », dis-je. Espérons. Prions. Et c'est ce que je fais, Joyce : une place douce et tiède au creux moelleux de mes pensées.*

« Je *veux* bien parler de ça, *explique mon amie au cours de l'une de nos grandes discussions informelles, mais la vérité, c'est que je ne trouve rien à dire. Il y a quelque chose que je n'arrive pas à nommer dans ce qui est arrivé là-bas —j'ai épuisé trois psychanalystes, tu sais ? Je ne suis pas encore prête. En revanche, je peux te dire une chose : c'est que si je n'avais pas eu Doris, et si je n'avais pas eu Bruce, et si je n'avais pas eu mes parents et mes amis, je ne m'en serais peut-être pas sortie. L'expérience de Doris, surtout, qui avait vécu son tremblement de terre en Chine et qui avait été en Afrique du Sud, m'a été extrêmement précieuse. Nous avons beaucoup parlé de ce qui s'est passé. J'étais venue pour aider, moi, et je l'ai fait au mieux de mes compétences. J'étais réfugiée à l'ambassade. J'aurais pu repartir plus tôt avec des convois militaires mais j'ai choisi de rester. Je n'ai pas "vécu" les massacres au sens propre du terme. On ne peut pas vivre ça. On ne peut pas...* (Elle s'arrête, bouleversée, lève vers moi un regard humide.) *Désolée.* (Elle sourit, bravement.) *C'est juste que je ne comprends toujours pas, tu vois ? Personne ne peut comprendre, putain.* (Elle sort un mouchoir, le déplie, reprend.)

D'accord. Les faits, concentrons-nous sur les faits. Déjà, je ne suis pas retournée dans la brousse. Pour le coup, je crois que je serais devenue folle. Lors de mon retour à Kigali, j'ai vu des villages brûler. Des cadavres sur la route. Ensuite... (Elle renifle, prend un air dur.) *Il s'est passé des choses terribles dans la capitale. Je pense à l'église de la Sainte-Famille, au Centre des études de langues africaines ou au Centre pastoral Saint-Paul, un vaste ensemble de bâtiments juste à côté de l'axe principal de la ville. Plusieurs milliers de personnes s'étaient réfugiées là-bas. Les militaires de la Minuar, la Mission des Nations unies pour*

l'assistance au Rwanda, excuse-moi, y passaient régulière-
ment, souvent accompagnés de journalistes occidentaux. J'y
étais allée avec eux, une fois. Mais ça n'a rien empêché. Les
autres attendaient d'être tranquilles pour faire le "travail".
Couper les gens. Les couper à la machette. Quarante civils tutsi
au Cela, c'était —attends, j'ai noté ça : c'était le 22 avril 1994.
Cinquante Tutsi au Centre Saint-Paul, le 14 juin 1994. Cent dix
à l'église de la Sainte-Famille, le 17 juin 1994. Meurtres, viols,
principalement. J'avais discuté avec certains de ces gens trois jours
avant l'horreur, tu imagines ? Et je ne sais pas —j'emploie ce
mot, "imagine", c'est bizarre, non ? Le fait est que c'est tout ce
qu'on peut tenter quand on n'a pas été là-bas. Imaginer. » Elle
inspecte ses ongles.

Pour lui changer les idées, je lui parle de cette fameuse
journée, le 10 juillet 1994, un dimanche. J'avais été invité
à la maison de Greenwich pour fêter notre anniversaire
commun, à elle et à moi, mais elle n'était pas là : elle se trouvait au Rwanda. Et c'est ce jour-là que *La Saga Mendelson*
est née[1].

Joyce sourit. *« Tu ne peux pas savoir combien j'ai pensé à*
vous. Enfin si, tu le sais. J'ai écrit cette lettre, qui n'est arrivée
qu'après mon retour, pour vous dire que je vous portais tous dans
mon cœur et — c'était extraordinairement larmoyant. (Nous
rions.) *Mais tu vois, je vivais un peu… en enfer… ce qui fait que…*
je me suis laissée aller. »

Le « vrai » retour de la fille de Ralph et Joan sera discrètement fêté quelques semaines plus tard. Très choquée

---

1. *Voir la préface de Doris Mendelson au tome 1 de* La Saga Mendelson,
Les Exilés.

Kigali, July 10, 1994

Dear All,

Here, as you probably know, events have been succeeding each other at great speed. I simply wanted to let you know that I am well; I think I am safe, in fact.

To say that I regret leaving would be unfair to the people I have met here. Most of them are dead now, but it is you I am thinking of, on this so particular day, of you the living, of the love we share, of the project we are lucky enough to be able to pursue. Oh, how I crave to be with you all again!

Say hello to Fabrice for me and give him my best wishes for his birthday and tell him I hope to see him again, with both my eyes, standing on my own two legs, and that I sincerely wish to be able to talk about other things than arson and machetes.

Joyce

par son séjour, Joyce passera l'essentiel de sa journée assise sur une chaise de jardin, à recevoir les félicitations et/ou condoléances des membres de sa famille.

« *Je n'étais pas là, pas vraiment. Les gens parlaient mais je ne les entendais pas. Et toi, tu étais déjà reparti et franchement, ça valait mieux comme ça parce que je n'aurais pas pu...* »

De nouveau, elle s'arrête. Dix ans après les faits, parler du Rwanda et de son retour demeure une épreuve pour elle. « *Je suis descendue au fond du trou, me confie-t-elle, comme mon père à son retour du Vietnam. Qui n'a pas fait de dépression chez nous, hein ? Peut-être mon frère. Lui, il a juste failli mourir : c'est bien aussi.* »

La seconde partie des années quatre-vingt-dix est marquée par : la mort de Shirley[1], le voyage de Bruce et de Nicole en Europe[2], la naissance de leur fils Ryan deux ans plus tard, et d'Aaron, le fils de David Jr. et Brenda, en 1998.

Ralph et Walter n'occupent plus au sein de l'agence que des postes honorifiques : ils finiront par la revendre[3]. Doris a pris sa retraite, tout comme son frère Alfred, et Judith s'apprête à céder sa librairie. Tammy et Kenneth, eux, poursuivent leurs carrières scintillantes, Bruce est l'ami de tout le monde et Joyce… Joyce s'est acheté une maison à St. George (siège du comté de Washington dans l'Utah) à quelques miles de Zion Park où elle s'occupe, seule, d'un modeste cabinet d'avocat situé sur la portion sud de Main

---

1. *Voir le tome 2 de La Saga Mendelson, Les Insoumis.*
2. *Voir le tome 1 de La Saga Mendelson, Les Exilés.*
3. *Voir le chapitre « Dernière soirée », page 275.*

Street. « *Le meilleur choix de ma vie, affirme-t-elle. Je sais ce que tu en penses mais...* »

En réalité, je n'en pense pas grand-chose. Je suis simplement heureux pour elle. À plusieurs reprises, j'ai parlé à Ralph de cet exil —après tout, Joyce est la seule Mendelson à ne pas vivre en ville, si l'on excepte Doris, qui s'est installée depuis 1999 dans la maison de Greenwich—, et il ne parvient toujours pas à croire que sa fille habite là-bas depuis 1996 : un jour ou l'autre, il en est persuadé, elle va revenir. Personnellement, je n'en mettrais pas ma main au feu. Le petit ami de Joyce, Stanley, travaille comme guide à Zion Park. Ma « correspondante » est retournée vers les lieux magiques de son enfance et elle a décidé de ne plus les quitter. Elle habite désormais, m'écrit-elle, « sous les étoiles, un ciel d'une étonnante pureté, loin du tumulte de la ville, parmi les aigles, les pumas et les esprits du désert ». Ses cauchemars, de temps à autre, résonnent encore de cris d'enfants ; des machettes cisaillent la nuit et leur éclat est si aveuglant qu'il la réveille en sursaut. Mais j'ai rencontré Stanley il y a peu de temps, et je peux dire que c'est un garçon bien, un gaillard d'un mètre quatre-vingt-dix qui sait, rien qu'en écoutant le bruit du vent, quel temps il fera dans trois jours —un type capable de gérer n'importe quelle situation impliquant un puma, une pluie torrentielle ou une dépression nerveuse.

Elle est bien avec lui. Elle restera là-bas.

Dernière soirée

Dans la nuit du 4 juillet 1999, jour anniversaire de l'Indépendance américaine, Leah quitte le monde dans son sommeil, à Pacific Palisades. Arrivé le lendemain matin pour déjeuner avec elle, Kenneth Percy dira avoir trouvé la fenêtre ouverte et sur le bloc-notes de la table de nuit, trois mots griffonnés à la hâte : *Got tsu danken*[1].

« *Son expression favorite, soupire Doris : de sorte qu'il est difficile de deviner où elle voulait en venir quand ces lignes ont été écrites. Nous avons échafaudé plusieurs hypothèses au sein du cercle familial. Toutes sont formidables, poétiques, mystérieuses. Notre mère est morte en écoutant l'océan, nous sommes tous d'accord là-dessus.* »

---

1. « *Merci mon Dieu.* »

Leah n'est pas inhumée avec son Roy mais à quelques encablures de là, dans la concession de Mount Sinai Memorial Park qu'elle a achetée pour sa famille, et dans laquelle repose déjà Shirley.

« *Elle était fatiguée, poursuit Doris. Elle en avait assez, tout simplement, comme sa mère en avait eu assez dans ce train qui revenait de New York*[1]. *La cérémonie a été très émouvante. Nous avons lu des textes, des extraits de lettres qu'elle nous avait envoyées. Elle aimait bien écrire. C'est un peu cliché de dire ça mais je crois également qu'elle a adoré être mère, et tante, et grand-mère, grand-tante et arrière-grand-mère. Quelle vie, quand on y songe ! Et quel clan !* »

Le clan en question se retrouve quelques semaines plus tard dans la grande maison de Greenwich revenue à Ralph, Walter et Doris. Nous sommes le 15 août 1999 et la famille est réunie au grand complet. En maître de cérémonie : Isaac, fils aîné de Tammy, qui vient de fêter ses vingt ans. L'idée est de rassembler tout le monde autour d'une séance de diapositives projetées avec le vieil appareil de David retrouvé à la cave.

Isaac est dessinateur. Blond, les cheveux bouclés, il ressemble beaucoup à sa mère, et d'aucuns murmurent qu'il pourrait devenir mannequin lui aussi, avec sa carrure de surfeur et son sourire angélique. Sauf que l'ambition d'Isaac, c'est de travailler pour Pixar : il n'en démord pas, et pas question pour lui de céder aux sirènes de la mode ou de l'argent.

---

1. *Voir le tome 2 de* La Saga Mendelson, Les Insoumis.

« *Il a toujours voulu dessiner, me confie sa mère. À cinq ans, nous avions déjà punaisé un mur entier de ses œuvres. Sa sœur le vénérait, alors. Comme Leah vénérait David, il y a bien longtemps, à Odessa.* »

Angela, lycéenne, est une beauté brune aux battements de cils rêveurs. Un discman vissé sur les oreilles, mains dans les poches, elle erre dans le jardin. Selon ses propres dires, elle n'a pas « la moindre idée de ce qu'elle veut faire plus tard ».

Assis autour de la table du jardin, Ralph et Walter savourent des cigares offerts par Alfred, qui les tient directement, prétend-il, d'un ami cubain. Il y a trois mois, *M. & Sons* a été revendue à un immense et bien connu conglomérat de médias new-yorkais (comme Tammy, les deux frères préfèrent que le nom ne soit pas divulgué). Ils sont désormais plus riches qu'ils ne l'ont jamais été et prévoient des vacances très prolongées, au Costa Rica pour l'un, en Australie pour l'autre. Walter est de nouveau célibataire.

David Jr. est installé à mes côtés. Le jeune Aaron Mendelson, huit mois, qu'il tient dans ses bras, est déjà l'objet de toutes les attentions. Quant à Brenda, elle ne travaille plus avec Tammy : elle s'est recyclée dans les médecines orientales et a ouvert un cabinet. « *En fait, me révèle son mari à voix basse, elle s'est disputée une fois ou deux avec ma cousine, et c'est parce qu'elle ne tenait pas à ce que ça continue qu'elle a préféré bifurquer. De surcroît, l'univers de la mode ne la passionnait pas tant que ça. Aujourd'hui, ces deux-là sont redevenues les meilleures amies du monde.* »

Alfred et Judith, les grands-parents juvéniles, ont improvisé une partie de badminton sur la pelouse. J'envie leur
énergie : Alfred a soixante-trois ans et ne cesse d'organiser des voyages pour sa femme. On est Mendelson ou on ne
l'est pas !

Tammy se trouve à l'intérieur, aux fourneaux avec Doris.
Kenneth et Nicole, la femme de Bruce, sont plongés dans
une intense conversation. Bruce, justement, est monté au
grenier avec Caleb : personne ne sait ce qu'ils y fabriquent.
Son autre fils, Ryan, un bambin de deux ans à la tignasse
brune déjà bien fournie, est pris en charge par un Scott
tout sourire, qui s'est découvert des talents pédagogiques
insoupçonnés. Quand je lui demande s'il envisage un jour
d'être père, le fils de Shirley m'adresse un rictus énigmatique. « *Pourquoi pas ? Laisse-moi juste le temps de trouver une
femme, frère.* »

Verre à la main, je déambule sur la pelouse. De temps en
temps, on m'aborde. Et ce livre, où en est-*il* ? « *J'y travaille,
dis-je. Et un jour, ce qui se passe en ce moment-même sera consi-
gné dans la saga.* » Tammy fronce les sourcils : « *Oh, alors,
il faut qu'il se passe quelque chose d'intéressant, non ?* » Je
souris. « *Il faudrait définir "intéressant". C'est bien comme
ça, un peu de calme. Mais je ne me fais pas d'illusions. L'imprévu
n'est jamais loin avec la famille Mendelson.* »

Peu à peu, je m'éloigne du groupe. Sur le petit banc de
pierre où cette histoire est née, je me laisse tomber. Le fantôme de David est assis à mes côtés : invisible, bien sûr, car
je ne suis pas juif. Mais il est là, je le sens. Et il tourne vers
moi son visage bienveillant. « *Tu n'as encore rien vu, ricane-*

t-il, *rien entendu*. Tsum glik, tsum shlimazel[1]. » Les fantômes aiment le yiddish, c'est sûr.

« *Fabrice ?* » Pantalon noir, chemise blanche ouverte,
le jeune Isaac avance à grands pas. De temps à autre, il

August 15, 1999

I'm writting this in the garden at Greenwich : end of the day, low sunshine on the lawn, the cries of children rise like streamers toward the sky, smiles are shining bright. It's so pleasant. Thank you. Thank you.

" We seek happiness in boats and carriage rides. But what we seek here... " (Horace)

JOURNAL DE BRUCE. 15 AOÛT 1999. *J'écris ces mots dans le jardin
de Greenwich : jour finissant, lumière rasante sur la pelouse, les cris
des enfants montent comme des serpentins vers le ciel, les sourires
s'épanouissent. Il fait bon. Merci. Merci. « Sur les flots, sur les grands
chemins, nous poursuivons le bonheur. Mais il est ici, le bonheur. »
(Horace)*

---

1. « *Pour le meilleur et pour le pire.* »

observe le Shabbat. Il ne sait pas trop encore. « *La séance de diapositives commence dans un quart d'heure.* » J'opine sagement. Un nouveau voyage dans le passé. Cette fois, cependant, je n'aurai rien à organiser.

❦

Vingt heures. Un soir paisible envahit le jardin. Des libellules rasent les eaux argentées, et le peuplier frémit. Ralph s'approche, s'assied à mes côtés.

Plus tôt dans la journée, il m'a pris à part à propos des écrits de son père : les pages arrachées à son carnet, datées du 23 mai 1931, concernant la mort mystérieuse de Carmen, au sujet desquelles je l'ai plusieurs fois interrogé. L'écho de ses mots est encore neuf dans mon esprit : « *J'ignore pour quelle raison il les a gardées après les avoir déchirées. Je présume qu'elles le répugnaient mais qu'il ne pouvait se résoudre à les laisser disparaître.* » Une discussion ubuesque s'en est suivie. Était-il possible de jeter un œil à ces pages ? « *Non.* » Dans ce cas, pourquoi m'en parler ? « *C'est un "non" de principe, a rétorqué le fils de David. Disons qu'il faudrait que je sache ce que vous comptez en faire.* » J'ai hoché la tête. « *Je vous promets que je ne ferai rien sans votre accord.* » Il a acquiescé et s'est éloigné sans rien ajouter.

À présent, le voici de retour, une enveloppe à la main. « *Tenez.* »

J'ouvre l'enveloppe. Parcours les pages, religieusement : il y en a douze, écrites de cette belle écriture simple que j'ai tant appris à aimer.

Je suis ressorti, abasourdi. Suis allé attendre un tramway qui ne viendrait jamais. Il fallait que je rassemble mes esprits. La première lettre, quatre pages d'une écriture nerveuse, était signée d'un certain Valnius. Les autres arboraient une graphie différente ; elles ne portaient aucun nom.

Où Valnius avait-il rencontré Carmen ? Impossible de le deviner. Mais il était épris d'elle, c'était une certitude. Ensuite... Il mentionnait un cénacle. « Notre cénacle » : une sorte de société secrète perdue dans les collines. Des cérémonies obscures étaient parfois organisées, disait-on, au pied du sigle géant de Hollywoodland. Allusion était faite à d'autres individus. Le Bouffon. Le Roitelet. Le Démon. Toujours des majuscules. Ces personnages, manifestement, n'étaient pas des « hommes » au sens où nous l'entendons.

Mais quoi alors ?

Mes mains avaient tremblé en reposant cette première missive. Quant aux suivantes...

[...]

Une amulette en or contenant du sang – du sang humain, dit-il. Il se glisse derrière elle et la lui passe autour du cou. Le sait-elle ? Il est celui que les autres appellent « le Maître ». Il s'en gargarise, s'en rengorge, même. « Carmen, écrit-il, tu m'appartiens, ta chair est ma chair, tes os, tes tendons, ta peau si douce. Je te veux tout entière : vois comme mes lèvres tremblent. Le tremblement sublime du désir. »

Je retranscris de mémoire. Le reste est à l'avenant.

[...]

Allongé sur mon lit à plat ventre. Cinq heures du matin et le sommeil se refuse à moi. En parler ? Mais en parler à qui ? Je ne crois pas aux démons. Je ne crois pas à ceux qui sucent le sang et s'en repaissent. Ces gens sont des fous, des fous dangereux. Chaque nuit, Carmen quitte la couche de son Portoricain ; les chiens gémissent sur son *passage, un vent empoisonné souffle dans les collines, il est là, à cheval, à cheval ! Il l'emporte vers les canyons où l'attend sa cour.*

Elle, de sa main d'ivoire, caresse à son cou le bijou de sang et d'or.

[...]

Il se met en colère. Il parle de Valnius. Elle doit cesser de le voir. Le Portoricain ne le dérange pas : il l'amuse, plutôt, et puis il a fait appel à ses services, autrefois, il sait à quoi s'en tenir à son sujet. Humain, tellement humain. Mais Valnius ! Cet impudent ! Que sait-il de l'existence, princesse ? Il pose la question à Carmen. Que sait-il de l'existence, lui qui n'est guère âgé de plus de deux siècles ?

[...]

Des fous. « Seigneurs du sang ». Et elle, folle avec eux. Elle ménage le Maître, cela se sent à ses intonations. Parfois, elle disparaît, et il perd la raison alors, sillonnant la ville enténébrée à bride abattue, les sabots noirs de son cheval noir claquant dans la nuit noire que seule sa course pénètre. Puis elle ressurgit. « Ah, succube ! Je te désire. L'éclat de ta gorge blanche, la fragile palpitation de ta vie. »

[...]

La frénésie. Parce qu'elle a retrouvé l'autre, ce Valnius : il lui promet l'enfer. Je pense à ces films d'épouvante obscurs, aux grésillements, au noir charbonneux de la pellicule et je me demande : où est passée la caméra ?

C'est la dernière lettre qu'elle a reçue. Un avertissement ultime. « Quitte-le, ou j'en finirai avec toi. Quitte-le, ou l'existence que je t'ai promise te sera à jamais refusée. Connais-tu le sens du mot "jamais" ? »

Je l'imagine, ma Carmen, je la vois errant sur la dernière avenue, le boulevard des cauchemars : elle arpente le pavé en se fiant à la lune. Ce Valnius, maigre vampire : il a dû lui promettre l'exil, la fuite éperdue, mais vers quoi ? Le Mexique encore, ou Rome, ainsi qu'il lui promet dans sa déclaration unique ?

Peu importe. Elle n'y parviendra pas. Elle entendra les sabots mena-
çants, elle voudra courir mais il sera trop tard. Il l'enlèvera, il l'em-
portera, elle hurlera sur sa monture. Ou peut-être autre chose ? Un autre
scénario ? Car qui peut croire aux vampires, de nos jours ? Je songe
à des desperados. Des clochards efflanqués et terribles, assoiffés de
violence, des maudits aux couteaux tachetés de rouille qui l'emmèneront
dans les talus.

Et c'en sera fini de sa vie.

Et c'en sera fini, sans doute, de la mienne.

[...]

Dieu, Dieu, où es-Tu ?

Quand le jour s'éloigne, Ton ombre, pareillement, déserte la Cité
des Anges.

Un peu sonné, je rends les pages au fils de David. « Est-
ce que… » Il secoue la tête : « *Est-ce que tout cela est réel ?*
Je ne sais qu'une chose : ce carnet est bien réel, lui. Mon père
était un homme on ne peut plus sérieux et pondéré, je ne vous
apprends rien. Nous avons ici une histoire de vampires. Quant
à savoir exactement ce qu'on entend par là… Los Angeles est
une ville très ancienne. Elle déborde de légendes. Que le des-
tin ait laissé aux Juifs le soin de créer Hollywood ne doit rien
au hasard, si vous voulez mon avis. Il faut nous résigner : nous
ne connaîtrons jamais la vérité. Mais vous comprenez main-
tenant pourquoi j'hésitais. »

Je hoche la tête. Je suis choqué, mais pas plus surpris
que cela en définitive. C'est difficile à expliquer. Les paroles
de Ralph sont très claires. S'il existe un seul endroit au
monde où l'on peut croire à des histoires de ce genre, c'est
bien Los Angeles. J'ai toujours été fasciné par ces collines.

Elles m'ont toujours intimidé.

« *Vous comprenez également, reprend Ralph, pourquoi nous devons parler de ce que vous pouvez reproduire ou pas.* » Une fois de plus, je ne peux qu'approuver. « *Qui d'autre est au courant ?* » Il s'étire, regarde au loin. « *Personne.* » Je montre ma surprise. « *Pas même Walter ?* » Clin d'œil complice. « *Surtout pas Walter. Mon père m'a confié ces pages quelques jours avant sa mort et il m'a fait jurer de ne les montrer à personne.* »

Juré ? Pour le coup, je ressens une sorte de gêne. Un fils est passé outre l'interdiction de son père à cause de ma convoitise. Un serment a été violé. L'intéressé hausse les épaules. « *J'ai croisé les doigts, si ça peut vous rassurer. Et ça n'a pas échappé à mon père. En vérité, il voulait que je partage ses pages. Sinon, pourquoi me les remettre ? Il allait mourir, et il savait une chose : les histoires sont faites pour être racontées.* »

Une fois encore, nous nous taisons.

Plus tard, tandis que la nuit achèvera d'engloutir le beau domaine de Greenwich, et que retentiront la musique et les chants, je resterai avec lui, légèrement à l'écart, et nous parlerons de son père, du Vietnam, de l'horreur et du sacré, et je garderai ses paroles à l'esprit, comme un talisman : oui, les histoires sont faites pour être racontées. Sans cela, à quoi bon les vivre ?

Et puis Ralph partira comme il est arrivé, discrètement, et je me lèverai à mon tour, sans me presser, et je rejoindrai les Mendelson pour vivre avec eux la fin de cette histoire-ci et peut-être, à leurs côtés, en commencer une autre.

So what? The monsters haunt the hills, blood runs through the winding streets, poors down the hills - it will flow again, I know, and other monsters will come. We have stepped through the forest, we have defeated fever and nightmares, we have crossed the ocean, and then everything seems to start over again and again.

But we are there.

It's midnight. The sons are asleep, I think. I'm not frightened any more, I've never really been frightened. We are a familly. Dear God, Death and doom can still wait a long time -

JOURNAL INTIME DE DAVID. 1932. *Et alors ? Les monstres hantent les collines, le sang se déverse dans les rues tortueuses, il dévale les collines —il coulera encore, je le sais, et d'autres monstres viendront. Nous avons traversé la forêt, nous avons vaincu la fièvre et les cauchemars, nous avons franchi l'océan, et tout semble recommencer toujours. Mais nous sommes là. Il est minuit. Les garçons dorment, je crois. Je n'ai plus peur, je n'ai jamais vraiment eu peur. Nous sommes une famille, cher Dieu. Le malheur et la mort peuvent encore attendre longtemps.*

POSTFACE

J'IGNORE S'IL S'AGISSAIT, de la part de ma grand-mère, d'un hommage inconscient au spectacle new-yorkais qui avait lancé la carrière de ma sœur et m'avait tant ennuyé pour ma part, ou du simple plaisir de nous voir une dernière fois nous démener à son sujet, mais le fait est qu'envoyer ses cendres dans les airs, comme elle en avait établi la demande spécifique par testament, s'est révélé une tâche beaucoup plus compliquée que prévu. Je crois que nous avons demandé à une dizaine d'artificiers avant d'en trouver un qui accepte et qui sache comment procéder. Mais nous sommes allés au bout de l'idée. J'écris « nous » : cela veut dire ma sœur, mes neveux, mon imbécile de cousin et ce bon vieux Bruce. Cela veut dire tout le monde en fait, car il s'est trouvé, à ma grande surprise, que « tout le monde » était partant pour ce projet délirant.

Donc, nous sommes passés à l'acte.

Sur un plan technique, si j'ai bien saisi tous les détails, il convenait avant tout de mélanger les cendres à la charge explosive, laquelle charge était censée renforcer les écarteurs et propulser les étoiles de poudre. Bon, mais c'est du jargon d'artificiers, d'accord ? Je ne suis pas un spécialiste. Le résultat était tout ce qui nous intéressait.

Les cendres de ma grand-mère avaient été conservées jusque-là chez Alfred. C'est donc lui qui les a apportées, dans une jarre en céramique : il semblait vraiment tenir à assurer le dernier voyage autoroutier. Nous nous étions donné rendez-vous sur la plage, au-delà de la Pacific Coast Highway, là où la Temescal Canyon Road semble se jeter dans la mer : pas très loin, finalement, de l'endroit où Leah avait vécu ses dernières années. De petits groupes de badauds s'étaient rassemblés sur le parking. Les gens criaient, klaxonnaient, il devait être 23 h 30. L'artificier avait déjà pris position. Il avait fallu demander une autorisation spéciale — trois mois de démarches auprès de la mairie — et c'est moi qui m'en étais occupé et maintenant, les autres m'embrassaient ou me donnaient l'accolade : « Grand merci, Scott. »

Ouais, eh bien, après trente ans de je-m'en-foutisme total, il était temps que je prenne un peu les choses en main.

De nouveau, nous étions tous là. Tous ? Parfaitement. Walter et Ralph étaient nos aînés, portant chapeau et duffle-coat, plus jumeaux que jamais. Doris les suivait de près : elle les tenait par le bras, un chacun. Et puis Alfred, le nez au vent, heureux comme un gosse. Et ma sœur, et David Jr., et Bruce, et Joyce. Sans parler de la dernière génération : Isaac et Angela, Caleb et Ryan, et puis Aaron, le petit dernier — et les femmes, et les compagnons, et la petite copine d'Isaac, sans compter ce fameux Français qui était en train d'écrire notre histoire et d'asticoter tous les autres, eh oui ! c'est de toi que je parle, frère, et merci encore de m'avoir confié cette postface !

Ah, le vieux Mendelson d'Odessa aurait été fier, c'est certain. Il n'aurait rien compris mais il aurait été fier. Ensuite, sans doute, il se serait impatienté. Bon, le spectacle est fini ? On peut rentrer se coucher ? Pour l'heure, bien sûr, ce cher Isaac achevait paisiblement de digérer dans l'humus viennois les reliquats ultimes de son existence terrestre. Mais arriverait un jour prochain où plus personne ne penserait à lui, plus personne dans le monde entier. Il serait libre, alors. Définitivement.

L'artificier nous a fait signe d'approcher. Il était 23 h 50, approximativement. Un bouchon de champagne a sauté derrière nous. Oups ! J'ai sorti un discours de ma poche. En substance, il disait ça :

« Bien-aimée grand-maman, des avenues d'Odessa aux profondes forêts roumaines, de la grande Vienne de Hitler au New York des pauvres, de Beverly Hills à Pacific Palisades, tu auras toujours trouvé quelqu'un à emmerder, et nous te rendons grâce pour ce don si particulier. Si quelqu'un peut te dire ça en face aujourd'hui, parce que je sais que tu écoutes, là, quelque part, dans l'écume noire de l'océan, au creux des nuages paresseux, sous le sourire béat de la Lune,

si quelqu'un peut te le dire, c'est bien moi : tu étais une foutue mère juive, Leah Mendelson. Mais contrairement à
moi, tu n'as jamais déçu personne. Et aujourd'hui, nous
sommes réunis en ton honneur, parce que tu aimais énormément ce ciel, et que tu aimais énormément ta famille, et
que tu aimais énormément faire la fête. Ah, et je crois savoir
que tu aimais énormément cette chanson, aussi. »

J'ai reculé d'un pas. C'était le signal. Caleb a enclenché
le lecteur CD à plein volume et *It Was A Very Good Year* est
sorti des enceintes, susurré par la voix de velours de Frank
Sinatra que notre grand-mère appréciait tant.

But now the days grow short
I'm in the autumn of the year
And now I think of my life as vintage wine
From fine old kegs
From the brim to the dregs
And it poured sweet and clear
It was a very good year...

Le dernier couplet s'est effacé derrière les violons. Les
bouteilles de champagne étaient ouvertes, les coupes étaient
prêtes, j'ai saisi la mienne et j'ai fait signe à l'artificier de
se tenir prêt.

Nous avons eu droit au compte à rebours.

Dix, neuf... Les Mendelson se regardaient avec des
lumières dans les yeux.

Huit, sept... Tout le monde pleurait, je crois. Du bonheur.
Des regrets. Je ne sais quoi d'autre. La vie, en somme.

Six, cinq...

J'ai trinqué avec mon oncle, avec mon beau-frère, les petits couraient sur la plage, leurs parents leur criaient après : « Les enfants, les enfants, ça va commencer ! »

Quatre.

Trois.

Deux.

Un.

Il était minuit, exactement, le lundi 1er janvier 2000 arrivait les mains dans les poches, et une fusée a jailli vers les ténèbres.

Une explosion bleutée en forme de palmier : grand-mère avait toujours voulu voler au-dessus de Los Angeles, elle était exaucée désormais. À présent, il s'agissait de beugler et de s'embrasser. Des « bonne année ! » sont montés au-dessus de la ville, ma sœur s'est serrée contre moi, et nous avons levé les yeux pour voir retomber les restes scintillants de Leah – ceux, du moins, qui ne s'étaient pas envolés vers la stratosphère. Il n'y avait pas un Mendelson pour rester calme. Des rires fusaient, des chants s'élevaient, et j'en passe. C'est alors que j'ai songé à nos morts. Ah, les vagues inlassables sur la grève, les astres fiers cloués à la nuit, l'éternel et joyeux retour des choses ! Pour la première fois depuis bien longtemps, j'ai songé à Dieu.

Ce n'était pas que je croyais ou que je ne croyais pas, hein ! Seulement, de temps en temps, on a envie de remercier quelqu'un.

Poussant un glapissement de coyote, j'ai balancé ma coupe par-dessus mon épaule, loin dans le sable. Une page allait se tourner, la dernière de ce livre, et l'instant était parfait, les étoiles attendaient le mot de la fin, raison pour laquelle j'ai brandi un poing vers le ciel et j'ai hurlé le premier truc qui me passait par la tête : *Mazel tov !*, et tous les autres ont repris en chœur.

Scott Mendelson,
Juin 2007

Table des matières

Les événements
De 1965 à 2000

1965
Février L'US Air Force lance
sa première offensive aérienne directe
sur le Nord-Vietnam.
21 février Assassinat de Malcom X.
Août Émeutes de Watts à Los Angeles.

1966
Début de la Révolution culturelle chinoise.
15 décembre Mort de Walt Disney.

1967
Été de l'amour à San Francisco et festival
international de musique de Monterey.

1968
4 avril Le pasteur Martin Luther King est
assassiné à Memphis (Tennessee).
5 juin Assassinat du candidat à
l'investiture démocrate Robert Kennedy.
Printemps de Prague, stoppé par
l'arrivée des troupes soviétiques en **août**.
Sortie au cinéma de *2001 : L'Odyssée
de l'espace*.

1969
21 juillet Neil Armstrong est le premier
homme à marcher sur la Lune.
Août Festival de Woodstock.

1971
La Chine devient membre permanent
du siège de sécurité de l'ONU.

1972
Affaire du Watergate, impliquant
le président Richard Nixon qui sera
poussé à démissionner le **8 août 1974**.

1973
27 janvier Signature des accords
de Paris. Les derniers GI quittent
le Vietnam le **29 mars**.
Guerre israélo-arabe de Kippour.
Premier choc pétrolier.

1976
24 juin Réunification du Vietnam.
28 juillet Séisme à Tangshan
en Chine, causant la mort de plus de
250 000 personnes selon les autorités
chinoises.
Août Émeutes sanglantes à Soweto,
ghetto noir de la banlieue
de Johannesburg.
9 septembre Mao Zedong meurt à Pékin
à l'âge de 82 ans.

1977
Sortie au cinéma de de *Star Wars*.
16 août Mort d'Elvis Presley.

1979
Deuxième choc pétrolier.
Le chah d'Iran est renversé par
la révolution islamique.
Accords de Camp David.

1980
Septembre Début de la guerre Iran/Irak.

1981
Apparition du virus du sida.

1982
Sortie au cinéma de *E.T. l'extra-terrestre*.

1986
26 avril Catastrophe nucléaire
à Tchernobyl.

1989
Juin Le « Printemps de Pékin » réprimé
dans le sang place Tian'anmen.
5 octobre Le Dalaï-lama reçoit le prix
Nobel de la paix.
9 novembre Chute du mur de Berlin.

1990
11 février Libération de Nelson Mandela.
2 août Début de la guerre du Golfe entre
l'Irak et le Koweit.

1991
Abolition de l'apartheid en Afrique du Sud.
Dissolution de l'URSS.

1992
Signature du traité de Maastricht qui
définit une citoyenneté européeenne.
Début de la guerre en Bosnie.

1993
Prix Nobel de la paix pour Mandela
et De Klerk.

1994
5 avril Décès de Kurt Cobain.
6 avril Le président du Rwanda,
Juvénal Habyarimana, est assassiné.
Les massacres des opposants hutu, puis
de milliers de Tutsi commencent aussitôt
dans une grande partie du pays.

1997
11 décembre Signature du protocole
de Kyoto visant à la réduction des gaz
à effet de serre.

LA SAGA MENDELSON
DÉJÀ PARUS

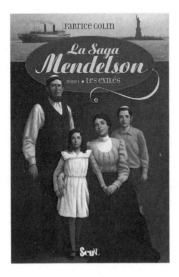

TOME 1.
LES EXILÉS

1895-1929. D'Odessa à Hollywood en passant par Vienne et New York, les premiers troubles du XXe siècle contraignent la famille Mendelson à l'exil.

Isaac Mendelson est horloger. Avec sa femme Batsheva et ses deux enfants David et Leah, ils mènent une existence paisible à Odessa. Mais en 1905 éclate la mutinerie du *Potemkine*, bientôt suivie d'un terrible pogrom. Isaac et les siens n'échappent que de justesse à la mort. Dès lors, ils n'ont d'autres recours que de prendre la route pour rejoindre Vienne…

TOME 2.
LES INSOUMIS

1930-1965. Accompagné de
ses fils, David Mendelson est
parti à New York pour travailler
comme journaliste. Une nouvelle
vie commence, une ascension
possible. La mort soudaine de
Carmen, dans les collines de
Hollywood, y met un terme bru-
tal. Une fois de plus pourtant, le
jeune homme trouve la force de
relever la tête. Et le jour où on lui
confie l'affaire de l'enlèvement
du bébé Lindbergh, il comprend
qu'il tient là non seulement le
reportage de sa vie, mais aussi
l'occasion d'en finir une fois pour
toutes avec ses vieux démons…

Remerciements

L'éditeur et l'auteur remercient, pour leur précieuse collaboration : Agathe Authier, Karine Benzaquin, Claire Chanteloup, Frédérique Deviller, Julien Desseaux, Brian Evenson, G@rp, Claire Le Cam, Brice Leclert, Olivier Leroy, Dominique Mathieu, Alfred Mendelson, Bruce Mendelson, David Jr. Mendelson, Doris Mendelson, Joan Mendelson, Joyce Mendelson, Ralph Mendelson, Scott Mendelson, Tammy Mendelson, Élodie Nicod, Éric Veille.

CRÉDITS PHOTOGRAPHIQUES

Dépôt légal : mai 2010

Achevé d'imprimer en avril 2010
sur les presses de Normandie Roto Impression s.a.s.
61250 Lonrai
N° d'impression : 10-1313

Imprimé en France